AF385456

Félix MARGARITA

LE
PROBLÈME SOCIAL

Individualisme ou Collectivisme ?

SOCIÉTÉ DES PUBLICATIONS LITTÉRAIRES
ILLUSTRÉES
24, Rue Pierre-Charron, 24
PARIS
—
MDCCCCX

LE PROBLÈME SOCIAL

Félix MARGARITA

LE
PROBLÈME SOCIAL

Individualisme ou Collectivisme ?

SOCIÉTÉ DES PUBLICATIONS LITTÉRAIRES
ILLUSTRÉES
24, Rue Pierre-Charron, 24
PARIS
—
MDCCCCX

I

COMMENT REMÉDIER A LA CRISE ACTUELLE ?

Aujourd'hui, sévit en France une crise sociale.

Nul ne peut la nier !

Deux écoles adverses préconisent, chacune, leur méthode économique pour y porter remède. L'une propose le complet épanouissement de l'*individualisme*, l'autre l'application intégrale du *collectivisme*.

L'individualisme a pour base le maintien et l'extension de la propriété individuelle. Le collectivisme supprime celle-ci et instaure un régime de mise en commun de la propriété.

Des deux méthodes contraires, quelle est la meilleure, quelle est la bonne ?

Avant de répondre, qu'on prenne garde ! Il importe de réfléchir, de méditer, de comparer. Rien n'est plus important que le choix, le choix très net, entre deux systèmes qui s'excluent l'un l'autre.

Arrière donc aux idées préconçues !

Arrière aux défiances irraisonnées !

Arrière aux préventions instinctives !

En l'occurence, il s'agit de bien-être social, uniquement de bien-être social. Tout parti-pris doit être écarté, qu'il ait sa source dans l'intérêt particulier ou dans la passion politique.

Je dirai plus :

Du moment qu'entre en jeu le sort de la masse, seul peut se prononcer, en connaissance de cause, quiconque en fait partie, vit au milieu d'elle, pense comme elle, souffre avec elle, a les mêmes besoins qu'elle.

Je suis du nombre...

Venu au monde nu, je n'ai que mon droit au travail. Ne tenant rien de mes ascendants, n'ayant bénéficié d'aucun héritage, je me trouve désemparé dès que survient la maladie ou le chômage.

Quand la faim, ma pire ennemie, frappe à ma porte, ma « liberté individuelle » n'est plus qu'une amère dérision.

Elle m'apparaît, en effet, par trop incomplète et

par trop illusoire, cette liberté individuelle, puisqu'elle ne me garantit pas le droit à la vie !

Une pareille garantie, où la trouver ?

Je n'aurais pas besoin de la chercher, c'est indiscutable, si mes parents m'avaient légué quelque bien transmis ou non par les ancêtres, ou si encore les vicissitudes de l'existence m'avaient permis d'amasser un certain pécule.

L'aphorisme suivant court les rues : « La terre « avec toutes ses richesses devrait, comme l'air et « l'eau, appartenir à tout le monde. »

Eh ! bien, je n'ai jamais eu un pouce de terrain à moi, ce qui s'appelle à moi. Jamais je n'ai pu dire quelque part : je suis chez moi. Posséderai-je même jamais, pour y dormir en paix éternellement, l'infinitésimale parcelle d'humus où l'on me déposera quand je serai mort ?

Un tel langage ne m'est pas personnel. C'est celui que tient une multitude, une multitude innombrable dans ce pays de la grande Révolution Française.

Oui, dans ce pays favorisé entre tous, combien d'êtres sont aussi pauvres, aussi démunis, aussi dépouillés que moi-même ? Combien n'y peuvent invoquer qu'un semblant de droit, alors que tant de droits effectifs furent inscrits dans les principes de 1789 ? Oui, combien de citoyens français sont fondés à se plaindre du « Contrat social » qui nous régit ?

Mais, la masse entière,... cette masse à qui les uns, les collectivistes, offrent une solution unique à un problème social unique, et les autres, les individualistes, des solutions multiples à de multiples problèmes en suspens.

De sorte que se trouver dans mon cas, c'est remplir les conditions requises pour rechercher, découvrir et apprécier le moyen le plus efficace d'améliorer le sort du plus grand nombre.

Je peux donc, aussi bien que personne, me livrer en toute conscience à cette étude.

Il y va, d'ailleurs, de mon intérêt particulier.

Déchiffrer l'énigme de l'émancipation générale, ne sera-ce point du même coup « façonner » pour moi-même la garantie équitable que j'appelle de tous mes vœux, afin de rendre effectif mon propre droit à la vie, au double point de vue de la réalité et de la sécurité ?

II

LES CLASSES

Un affranchissement reste à accomplir, malgré la libération politique de 1789...

Pour l'individu, l'indépendance est dans le domaine matériel ce qu'est la liberté dans le domaine moral.

Aujourd'hui, tout le monde est libre ; mais tout le monde n'est pas indépendant.

Voilà pourquoi des classes subsistent, bien qu'on les prétende abolies. Voilà pourquoi la fraternité se trouve dans les mots et ne se rencontre point dans les cœurs.

Certes, depuis plus d'un siècle, aucun privilège ne sépare la noblesse et le clergé de ce que l'on nommait jadis le tiers-état. Nulle barrière ne s'élève plus entre les trois anciennes classes, désormais fondues en une seule.

Leur fusion a-t-elle unifié la société moderne ?

Toute la question est là.

La négative s'impose. L'unification n'a pas eu lieu. Pour l'effectuer, il aurait fallu qu'au moment de la crise révolutionnaire le tiers-état englobât toute la masse nationale.

Il n'en était qu'une sélection !... La masse, alors, ne faisait corps avec lui que nominalement, somme toute pour les besoins de la cause. Elle fut le marche-pied où le tiers-état se dressa pour arriver au niveau des vieilles classes dirigeantes. L'instrument fut rejeté et oublié, sitôt après avoir servi.

Aussi, l'abolition des privilèges, amalgamant trois classes, n'a-t-elle point donné les résultats escomptés par la plèbe. Une classe nouvelle, issue des trois anciennes, la *classe bourgeoise*, est éclose à la fin du XVIIIe siècle, tirant seule profit des conquêtes de la Grande Révolution (1), tandis qu'a surgi une classe

(1) Voir plus loin, au chapitre XV, s'il n'existe toujours que deux classes (classe possédante et classe non-possédante) et si, au cours du XIXe siècle, l'essor économique n'a pas déterminé dans la première, c'est-à-dire dans la classe bour-geoise, un dédoublement : de sorte qu'aujourd'hui la classe possédante se trouverait scindée en deux fractions : 1° la catégorie supérieure ou parasitaire, qui possède sans travailler ; 2° la classe moyenne qui possède, tout en travaillant. (N. de l'A.)

inférieure, sortie des entrailles du pays, un quatrième-état, la *classe prolétarienne*, qui semble avoir été systématiquement tenue à l'écart de toute participation effective aux avantages provenant du nouvel ordre de choses.

Pourtant les principes immortels, que résume la formule rénovatrice : « Liberté, Egalité, Fraternité », sont censés concerner tous les Français.

Cela, c'est la définition, l'idéalité, la théorie. La pratique est tout autre, parce que l'idéalité est fallacieuse et la définition mensongère. La classe bourgeoise bénéficie d'une façon tangible des conquêtes révolutionnaires. La classe prolétarienne n'a obtenu que la sonorité des mots.

A l'une, la réalité ; à l'autre, l'illusion !

Comment expliquer cette anomalie ?...

Rien de plus facile !

Elle résulte du fait que voici : la classe bourgeoise jouit d'une garantie qui n'a pas été concédée à la classe prolétarienne. Cette garantie s'appelle la *propriété*.

Sans la propriété, le reste n'est rien.

Quiconque possède est indépendant, c'est-à-dire

véritablement libre au double point de vue matériel et moral. Tout autre, non.

A cet égard, émettre cent hypothèses paraît superflu. Inutile de multiplier les contingences. Un exemple suffit :

Ma liberté individuelle, à moi qui ne possède pas, demeure constamment à la merci de la maladie et du chômage. Suis-je indépendant lorsque je souffre, perds mon travail, tombe dans le besoin ?

Qui oserait le soutenir ?

Dès lors, tout s'enchaîne, soit dit à la fois au propre et au figuré. Quand ma liberté déchoit, égalité et fraternité disparaissent.

Me trouvé-je nécessiteux ? Aussitôt l'égalité n'existe plus entre celui que je sollicite et moi, quémandeur.

De même pour la fraternité !... On ne manquera pas de tirer, et parti, et profit, du besoin qui me tenaille.

L'arbre de la Liberté exige un tuteur : la propriété. Grâce au tuteur et par lui l'arbre se dresse ; sans lui, ce n'est plus qu'un lierre rampant.

Ceci revient à dire que le prolétariat actuel n'est

qu'une variété du servage d'autrefois, comme celui-ci ne fut qu'un succédané de l'esclavage antique.

L'esclave était un être inapte à posséder : souvent moins qu'un animal, toujours une marchandise.

Le serf fut un malheureux dépouillé tout à coup du droit de propriété. Forcé d'aliéner son bien, il restait dans l'obligation de le faire produire au profit du détenteur nouveau. Cette mise en valeur de la propriété cédée créait une sujétion et attachait définitivement à la glèbe l'homme et sa descendance.

A notre époque, le prolétaire est, d'après le Code, un homme libre. Mais, le droit et le fait sont deux. A ce paria il manque les ressources nécessaires pour galvaniser sa liberté et en user à sa guise. Il n'est libre que de nom.

C'est pourquoi, dans la société contemporaine, il y a antagonisme entre le prolétaire et l'homme véritablement libre, c'est-à-dire entre l'individu qui ne possède pas et celui qui jouit de l'*indépendance matérielle*.

III

L'ŒUVRE INCOMPLÈTE DE 1789

L'Assemblée Constituante qui, en 1789, fut appelée à codifier le droit nouveau, indique nettement, dans l'article 2 de la Déclaration des Droits qui précède la Constitution des 3-14 septembre 1791, que la liberté et la propriété, complément l'une de l'autre, sont les premiers des « droits naturels et imprescriptibles du citoyen ».

La Convention nationale est encore plus explicite. Elle ne se contenta point de faire une énonciation identique à celle de sa devancière, dans un autre article 2 d'une nouvelle Déclaration des Droits de l'homme qui servit de préambule à la Constitution du 24 juin 1793 ; elle adopta deux articles supplémentaires qui renforçaient étonnamment la signification de la première formule.

L'article 16 du préambule de la Constitution de

1793 dit, en effet : « Le droit de propriété est celui qui « appartient à tout citoyen de jouir et de disposer « à son gré de ses biens, de ses revenus, du fruit de « son travail et de son industrie. »

D'autre part, l'article 19 débute ainsi : « Nul ne « peut être privé de la moindre parcelle de sa propriété « sans son consentement... »

Ces spécifications définissent plus largement la propriété que la trop brève énonciation des deux articles 2 de l'une et l'autre Déclarations des Droits ; néanmoins, elles demeuraient encore bien incomplètes. Elles donnaient, à la rigueur, satisfaction à qui possédait déjà ; mais elles restaient inexistantes pour qui ne possédait point.

Quelle effroyable lacune !... On procède à l'émancipation d'un peuple, et l'on oublie la pierre de touche de cette émancipation.

Pour faire alors œuvre définitive, il eut fallu préciser, dans le pacte constitutionnel, les modes licites d'accession à la propriété, en écartant, bien entendu, les modes parasitaires et dolosifs, et prendre ensuite, par voie législative, les mesures propres à permettre à tous les citoyens de devenir propriétaires et de le rester à l'avenir.

A un moment donné, la Convention fut saisie d'une proposition de Maximilien Robespierre demandant l'adoption du paragraphe suivant :

« La propriété est le droit qu'a chaque citoyen de « jouir et de disposer de la portion de bien qui lui est « *garantie par la loi.* »

L'ambiguïté de ce texte apparaît flagrante. La loi aurait garanti à chacun une portion de bien. Mais contre qui ? Est-ce contre le créancier ne pouvant dès lors atteindre son débiteur ? Est-ce contre le détenteur lui-même, mis dans l'impossibilité d'aliéner sa propriété ? A ce compte, le propriétaire désireux de changer son foncier en mobilier, ou *vice-versa*, aurait vite été soupçonné de procéder à une aliénation délictueuse de sa portion de bien garantie par la loi.

Chose plus grave : la proposition restait muette sur les moyens d'accéder à la propriété.

Dans l'ordre d'idées où nous nous plaçons et qui est celui de l'émancipation générale du Peuple en même temps que de l'émancipation intégrale de l'individu, la définition de Robespierre n'englobait qu'un à-côté de la question. Elle serait demeurée inopérante.

Au surplus, cette proposition fut écartée.

Comment ne s'est-il pas rencontré un conventionnel, assez clairvoyant et assez autorisé à la fois, pour imposer à l'Assemblée un texte constitutionnel spécifiant par avance tout ce qui, plus tard, devait être contenu dans cette phrase lapidaire de Waldeck-Rousseau (1) : « Il faut que le capital travaille et que le travail possède » ?

L'imprévoyance de la Convention motive et justifie la revendication sociale qui, de nos jours, a pris une ampleur significative.

____

(1) Discours de St-Mandé. Février 1900.

IV

LE SOCIALISME

Quel nom donner à la poussée de libération universelle qui, aujourd'hui, agite le corps social, parce qu'est restée incomplète l'œuvre de 1789 ?

Le nom est sur toutes les bouches. Cette poussée s'appelle : le socialisme.

Quel épouvantail pour certains, sinon pour le plus grand nombre !

Disons-le bien haut : il ne faut pas avoir peur des mots ; ils effraient souvent par manque de définition.

On se fait généralement une idée fausse du socialisme.

Qu'est-il exactement ?

Serait-ce, par hasard, un vulgaire parti semblable à tous les autres, comme le prétendent maints politiciens ? Serait-ce uniquement « la science de l'organisation du travail », comme l'affirment des intellectuels qui cultivent la phrase à effet ? Serait-ce une théorie monopolisée ou à monopoliser, comme le racontent quelques doctrinaires, trop enclins à rétrécir les choses les plus vastes pour les ramener au niveau des intérêts mesquins de leurs petites chapelles — doctrinaires élus...

> ... Papes par les conciles
> Que dans des cabarets tiennent des imbéciles ?

Non ! le socialisme n'est rien de tout cela !

Le socialisme est plus large et plus grand.

Encore une fois, c'est une poussée universelle.

Bien mieux : c'est l'instinct d'une masse en enfantement de progrès ; c'est l'état d'âme d'un peuple en marche vers la civilisation intégrale.

La base de celle-ci, ne l'oublions pas, réside dans l'émancipation définitive de l'individu au sein du bien-être plus stable et toujours plus intense de la collectivité.

Le socialisme n'a donc qu'un but et ne peut en avoir qu'un : l'instauration d'une société meilleure et plus parfaite, aussi parfaite qu'il est humainement possible de la réaliser.

Le socialisme compris autrement n'est qu'une étiquette vaine, qui pare l' « arrivisme » le plus hypocrite et, partant, le plus odieux.

Jean-Jacques Rousseau avait la prescience du socialisme véritable, lorsqu'il écrivait : « Le but de la Société est le bonheur commun. »

Tous les gens sincères, pour qui l'intérêt particulier ne saurait primer l'intérêt général, peuvent et doivent se dire socialistes.

Dès lors, comment être socialiste ? A quels moyens recourir pour l'être dans l'exacte acception du mot ?

Deux méthodes, nous l'avons dit, sont en présence : l'*individualisme* et le *collectivisme*.

D'une part, le collectivisme proclame ouvertement la faillite définitive de la Révolution de 1789 et n'hésite pas à faire table rase de celle-ci.

D'autre part, l'individualisme détermine et localise les points où l'œuvre de la Révolution est manifestement incomplète ; il offre de réparer ces brèches et de parachever l'édifice de 1789, en utilisant les précieuses conquêtes politiques et sociales de nos pères.

Le collectivisme peut s'appeler aussi « communisme » ou « étatisme ». Le vocable est indifférent ; car il ne sert qu'à indiquer des voies juxtaposées — et si proches l'une de l'autre qu'elles se confondent ! — pour atteindre ce but unique : l'abolition (1) de la possession privée des moyens de production et la suppression radicale de la propriété individuelle (2). Avec le collectivisme, toutes les richesses existantes passent entre les mains de l'Etat qui, devenu seul dispensateur, gère la communauté et fait entre les membres de celle-ci la répartition, non pas des biens immobiliers et mobiliers dont il reste le maître exclusif, mais simplement du revenu du travail, socialement déterminé et mesuré d'après les besoins (3).

Au surplus, le terme final du collectivisme est ainsi résumé par Vandervelde (4) : « C'est l'appropriation « collective des moyens de production et d'échange, « l'organisation sociale du travail, la répartition de « la plus-value entre les travailleurs — DÉFALCATION

(1) Voir A.-E. SCHAEFFLE. — *La Quintessence du Socialisme* traduction de Benoît Malon), édition de 1904 de la Bibliothèque socialiste, page 36.

(2) *Manifeste communiste* de février 1848, par KARL MARX et ENGELS. Page 42, § 30, de l'édition de 1901 de la Bibliothèque socialiste (Société nouvelle d'édition, 17, rue Cujas, Paris).

(3) SCHAEFFLE. — *La Quintessence du Socialisme,* page 30.

(4) VANDERVELDE. — *Le Collectivisme et l'Évolution·industrielle,* page 11.

« FAITE DU *quantum* NÉCESSAIRE (I) A LA SATISFACTION
« DES BESOINS GÉNÉRAUX DE LA SOCIÉTÉ. »

L'individualisme, au contraire, maintient la propriété individuelle, dont il permet l'accession à tous. Il laisse, en outre, à chacun la jouissance et la libre disposition du produit de son travail et de son intelligence. Avec lui, le *quantum* nécessaire à la vie sociale est librement consenti par les individus, au lieu d'être déterminé et imposé par l'Etat.

De l'individualisme ou du collectivisme, lequel choisir ?

Des deux méthodes, exclusives l'une de l'autre, pour laquelle opter ?

Seul nous fixera, à cet égard, un parallèle portant sur les enseignements de l'Histoire, l'expérimentation séculaire, la tradition vraie du socialisme contemporain et, aussi, les conséquences inéluctables de l'application future de l'un ou de l'autre système.

Marquer d'avance pour celui-ci ou celui-là une préférence quelconque, sans étayer son sentiment sur la raison, serait courir aux pires désastres.

C'est qu'en effet toute doctrine — individualiste ou

(I) Ce « *quantum* nécessaire » est prélevé aujourd'hui au moyen du budget.

collectiviste, n'importe — qui, demain, ne sauvegarderait pas l'émancipation individuelle pour la compléter au profit de chacun et la multiplier au profit de tous, ne saurait être une doctrine salutaire, en dépit de ce que croient ou prétendent croire ses adeptes.

Avec elle, on n'avancerait pas sur la voie du progrès social : on piétinerait sur place ou même l'on marcherait à reculons.

Ipso facto une telle doctrine, décorée ou non d'un titre pompeusement démocratique, tombe au rang de conception conservatrice ou de système rétrograde. Il n'y a rien à attendre d'elle, à attendre de bon pour le prolétariat.

Le prolétariat ne veut ni recul, ni stagnation ou conservation. Le recul, c'est l'esclavage des temps abolis. La stagnation ou conservation, c'est le servage économique.

Ce à quoi aspire la masse : c'est à la libération plénière et définitive, par la marche en avant de la société.

V

PÉRIODE DE GESTATION

Un peuple va de l'avant sur la route de la civilisation, lorsque convergent ses efforts vers la réalisation de la « société idéale ».

La société idéale — dont l'instauration complète apparaîtrait possible si l'être humain et, par suite, les agrégats humains étaient susceptibles de perfection absolue — serait, sans conteste, celle où chaque individu foncièrement et plénièrement libre aurait, comme garantie de sa liberté personnelle, une propriété équivalant à celle du voisin.

Mais, objectera-t-on, l'égalité est une utopie.

S'il n'existait que ce point litigieux, la question serait près d'être résolue ; car l'argument ne porte guère ou plutôt ne porte pas.

L'égalité est possible. La nature même le prouve.

Elle qui, pourtant, se plaît à la variété infinie des individus, nivelle ceux-ci indistinctement et les « égalise » dans la naissance et dans la mort. L'être le plus intelligent et le plus fort vient au monde nu comme le moins doué et le plus faible ; il retourne à la terre nu comme lui.

Ce qui se produit dans l'accès et le décès est pareillement concevable dans l'existence. Ceci n'a rien d'antinaturel. Egalité, en effet, ne signifie pas uniformité.

Ce ne serait point uniformiser la société que de rendre effective, par l'octroi à chacun de moyens économiques équivalents, une égalité demeurée illusoire jusqu'ici parce que bornée à la politique qui est le domaine des mots et nullement des réalités. Chaque homme, alors, se développerait complètement avec ses facultés, ses talents, ses propensions, son instinct, son tempérament, son caractère particuliers. Celui-ci dirigerait son activité propre vers tel domaine, celui-là vers tel autre ; certain s'élèverait même à un degré social plus haut que celui où parviendrait le voisin : peu importe ! Nul ne se trouverait en état d'infériorité vis-à-vis de son semblable puisqu'il aurait eu, comme lui, *la possibilité matérielle* d'utiliser pleinement les dons personnels impartis à chacun par la nature.

Basée sur la loi naturelle, l'égalité se conçoit donc : elle constituerait même le meilleur instrument d'harmonie sociale et de fraternité universelle.

Encore une fois, si l'égalité était l'unique pierre d'achoppement à écarter pour l'instauration de la « société idéale », l'obstacle ne serait point insurmontable et la fondation de celle-ci se comprendrait presque aisément.

Mais, c'est la perfection qui ne se conçoit pas, en raison des irrémédiables infirmités physiques et morales pesant sur l'humanité, prise globalement ou particulièrement

La voilà, la barrière infranchissable !

A force de culture on peut approcher de la perfection, on ne l'atteindra jamais....

Malgré l'inaptitude individuelle et collective à la perfection absolue, certains penseurs, au lendemain de l'insondable imprévoyance de la Convention, rêvèrent quand même la création d'une « société idéale » où chacun serait pourvu de moyens matériels équivalents.

A dire vrai, la chose n'était pas nouvelle. Des précurseurs l'avaient déjà préconisée.

Sans remonter trop loin et pour n'en citer qu'un,

l'Anglais Harrington (1) osait, cent ans auparavant, en plein XVIIe siècle, proposer le partage égal des terres. Entre parenthèses, son plan, quoiqu'incomplet — puisque la terre n'est pas le seul objet de possession — était d'un concept plus large que le projet de Tibérius Gracchus faisant voter, à Rome, la loi *Sempronia* (2).

Au lendemain de 1789, la chimère d'Harrington fut reprise en France. Une circonstance exceptionnelle paraissait, alors, enlever tout caractère extravagant à la spéculation prestigieuse des « partageux » de l'an III. Les biens nationaux, sans parler des communaux, fournissaient une réserve peut-être suffisante pour donner à quiconque ne possédait point une équitable part de possession, sans qu'il fût besoin pour cela de dépouiller de leur propriété légitime ceux qui déjà possédaient.

L'idée prit corps.

Chose étrange ! Elle fut aussitôt combattue par les soi-disant révolutionnaires d'avant-garde, tel le mystique Anacharsis Clootz, « l'orateur du genre humain », qui, dès 1793, en plein Champ de Mars, s'élevait

(1) HARRINGTON. — *Océana* (ouvrage paru en 1656).
(2) An 134 av. J.-C.

contre le partage individuel et prêchait au contraire l'expropriation générale avec mise en commun des biens.

D'autres suivirent.

En 1796, l'école Babeuf déclarait avec mépris, dans le *Manifeste des Egaux* :

« La loi agraire ou partage des campagnes fut le
« vœu instantané de quelques soldats sans principes,
« de quelques pleuplades mues par leur instinct
« plutôt que par leur raison. »

Placé, au point de vue social, en face de tendances si nettement contraires, le gouvernement qui avait succédé à la Convention, sollicité par l'urgence des réformes politiques, par les mesures de sécurité nationale et surtout, hélas ! par les dissensions intestines greffées sur l'éclosion d'appétits inavouables, ne pouvait que se désintéresser d'une question aussi controversée.

Néanmoins, l'idée de société parfaite édifiée sur un partage général, au moyen de *l'individualisme*, ne disparut pas.

Tombée, semble-t-il, en léthargie durant le Consulat, l'Empire et la Restauration en raison des complications internationales, elle se réveilla d'un seul coup avec la Révolution de 1830.

Sur le champ, d'importantes associations l'acceptèrent comme *credo* ; et l'on vit « la Société des Droits du Peuple » et « la Société des Droits de l'Homme » préconiser, à cette époque, le morcellement de la propriété comme moyen unique d'en faciliter l'accession à la masse.

Un homme, entre tous, fut l'apôtre de cette solution ; c'est Proudhon en personne, en dépit de son anathème fameux : « La propriété, c'est le vol ! »

Proudhon n'a jamais stigmatisé — il l'a proclamé lui-même — la propriété individuelle, produit de l'effort, du travail et de l'intelligence de chacun, mais exclusivement la propriété parasitaire, fruit de la spéculation. Il professait que l'individu doit être détenteur d'une part de propriété pour garantir sa vie et parer à ses besoins, le cas échéant. C'est pourquoi Fourier, Saint-Simon, Considérant, Louis Blanc et tous ceux qui, peu ou prou, montrèrent des tendances communistes, n'eurent pas d'adversaire plus résolu, plus âpre et plus acharné que Proudhon.

L'idée de l'accession de l'individu à la propriété eut aussi, pendant la même période, des propagandistes étrangers. L'économiste anglais John-Stuart Mill écrivait, en 1852 :

« Malgré l'influence que peuvent avoir une instruc-
« tion meilleure et plus forte des classes laborieuses
« ainsi que des lois justes pour modifier, à l'avantage
« des travailleurs, la distribution des produits : je ne
« peux croire que ces travailleurs se contentent tou-
« jours du rôle de « salariés » et qu'ils l'acceptent
« comme une condition définitive. *Ils peuvent consen-
« tir à passer par la condition de salariés pour arriver
« à celle de maîtres, mais non à rester toute leur vie
« salariés.* »

Ceci est l'antithèse absolue de la proposition fondamentale du communisme, autrement dit du collectivisme, *où la condition de salarié serait définitive* pour
l'individu qui, devenu en quelque sorte fonctionnaire,
ne pourrait jamais passer maître, c'est-à-dire conquérir toute indépendance vis-à-vis de l'Etat-patron.

VI

LES « ROUGES » DE 1848

Au cours du XIXe siècle, les diverses écoles révolutionnaires, en France, furent plutôt à tendances
individualistes. La meilleure preuve s'en trouve dans
les épithètes lancées, vers 1848, aux réformateurs
socialistes par leurs adversaires qui affectaient de
les traiter de « partageux ».

A cette époque, il est vrai, le néo-communisme
paraissait inapte à sortir jamais du domaine des
abstractions. Il était informe, vague, imprécis, diffus,
incapable, en définitive, de se fondre en un système
cohérent. Certains esprits, parmi les doctrinaires les
plus avancés d'alors, n'y voyaient qu'une piteuse
réédition, à dix-huit cents ans de distance, du communisme chrétien pratiqué par la primitive Eglise.
En tout cas, des quelques matérialistes et libres-

penseurs cultivant cette utopie, aucun ne pouvait fournir un plan sérieux de complète organisation collectiviste ; nul ne fut même un communiste, un collectiviste dans l'acception dernière du mot. C'est ce que démontre surabondamment la critique du fouriérisme et du saint-simonisme.

Fourier, rompant avec l'école babouvienne, ne demandait point l'égalité entre les citoyens ; il l'appelait un « poison politique ». Victor Considérant, disciple de Fourier, proposant les phalanstères, et Louis Blanc, ébauchant les ateliers sociaux, semblent aujourd'hui à d'aucuns — cela à tort ou à raison — plutôt des propagateurs de la propriété collective que des protagonistes de la propriété collectiviste.

Quelle différence, objectera-t-on, existe-t-il entre celle-ci et celle-là ?

En deux mots, la voici : La propriété collective est une variété de la propriété individuelle, la propriété collectiviste en est la suppression radicale.

Quelques développements préciseront l'explication.

La propriété collective est le fait de l'association sous toutes ses formes : société ouvrière, société industrielle en commandite ou par actions, etc., pour l'exploitation d'un commerce, d'une usine, où ne suffiraient pas les ressources, les forces, les capacités d'un homme seul. Un régime bien compris de propriété collective assure à chacun sa part des revenus de l'entreprise, en lui *réservant* en outre *une portion personnelle dans la propriété globale du fonds de la société*, fonds constitué par le ou les immeubles, l'outillage et tous les autres facteurs de l'exploitation. Tout participant d'une propriété collective conserve *la libre disposition de sa part du fonds* collectif, tant pour la diminuer ou l'augmenter, qu'au besoin pour la céder.

La caractéristique de la propriété collective réside donc dans la possibilité de morceler individuellement, à l'occasion, le capital commun.

Cette caractéristique disparaît avec la propriété collectiviste et rend celle-ci essentiellement différente de l'autre.

La propriété collectiviste, en effet, a pour base l'expropriation totale et *définitive* des individus ou groupements d'individus, et l'appropriation complète par l'Etat (ou la Commune) qui devient le détenteur et l'exploitant unique. Sous un régime de propriété collectiviste, *personne ne peut espérer jamais récupérer une portion de la propriété globale* : celle-ci reste indivise à perpétuité. L'individu n'a plus droit qu'à une part du produit du travail. Cette part n'est pas débattue, elle est déterminée par l'Etat seul. Quant au travail lui-même, il s'exécute suivant une règle imposée et qu'on ne saurait enfreindre. L'individu n'accède à nulle autre situation que celle à lui désignée « dans l'intérêt supérieur de la collectivité » ; de la sorte, il est lié à son instrument de travail.

Un immense abîme sépare la propriété collective de la propriété collectiviste : cet abîme est infranchissable.

Les conditions de la vie moderne nous permettent, aujourd'hui, de discerner très nettement chacune de ces deux formes si distinctes, si opposées de propriété plurale. Mais de telles conditions n'existaient point dans la première moitié du XIXe siècle : on n'en était encore qu'à l'éclosion du machinisme, à la naissance des monopoles et l'on ne connaissait pas, l'on ne percevait pas toutes les conséquences liberticides de l' « étatisme », mais de l'étatisme seul ; et si, par hasard, on en avait plus ou moins vaguement l'intuition, il arrivait d'attribuer à l'une des deux formes de possession plurale les dangers potentiels de l'autre, en confondant dans une même réprobation la propriété collective et la propriété collectiviste.

Les penseurs les plus avertis n'échappèrent pas à l'erreur commune.

Proudhon, par exemple, ne s'attardant point à des subtilités qu'il considérait comme futiles, s'éleva avec force contre le fouriérisme et le saint-simonisme dans lesquels il pressentait un collectivisme latent.

Sur ce sujet, il eut des prises très vives, des controverses ardentes, des polémiques furieuses avec le fouriériste Considérant, dont il raillait « l'esprit hébété « pendant vingt ans par les vapeurs méphitiques du « phalanstère. » Parlant, d'autre part, de Louis Blanc auquel il reprochait d'identiques propensions collectivistes, le même Proudhon écrivait (1), en 1846, avec impétuosité :

« M. Blanc est sur la logique aussi peu avancé que « sur l'économie politique, il raisonne de l'une et de « l'autre comme un aveugle des couleurs. »

Plus loin, il ajoutait :

« En lisant le supplément de M. Blanc, on voit « mieux ce qu'il y a d'incomplet dans sa conception,

(1) Voir Proudhon. — *Système des Contradictions économiques*, tome Ier, chap. V, page 231 (édition de 1850. — Bibliothèque Nationale : *Inv.* R. 47.722).

« fille au moins de trois pères, le saint-simonisme, le
« fouriérisme, le communisme... »

Ailleurs, il disait :

« ...Le communisme ! il supprime, pour subsister,
« tant de mots, tant d'idées, tant de faits, que les
« sujets formés par ses soins n'auront plus besoin de
« penser, de parler, ni d'agir. *Ce seront des huîtres,*
« *attachées côte à côte, sans activité ni sentiment,*
« sur le rocher... de la fraternité ! — Quelle philoso-
« phie intelligente et progressive que le communisme !

« Loin de moi, communisme !... Votre présence
« m'est puanteur et votre vue me dégoûte. »

A la fin du chapitre XII des « Contradictions Eco-
nomiques » (1), chapitre tout entier consacré à la bille-
vesée en question, le *rouge* Proudhon, stigmatisant
une dernière fois le collectivisme, concluait :

« Je le répudie de toutes mes forces comme vide
« d'idées, impuissant, immoral, *propre seulement à*
« *faire des dupes et des escrocs* ! N'est-ce pas ainsi
« qu'il se montre depuis vingt ans ? Annonçant la
« science et ne résolvant aucune difficulté, promettant
« au monde le bonheur et la richesse, et lui-même ne

(1) PROUDHON. — *Système des Contradictions économiques,*
tome II, page 298.

« subsistant que d'aumônes et dévorant, sans rien
« produire, d'immenses capitaux (1). »

Les socialistes de 1848, les rouges, les partageux,
étaient donc avant tout des anticollectivistes. Défenseurs résolus de la propriété collective, en tant que
forme plurale de la propriété individuelle, ils repous-
saient avec horreur la propriété collectiviste, faite de
l'expropriation individuelle et de l'appropriation communiste ou étatiste.

Anticollectiviste : voilà résumée d'un mot la tradition véritable du socialisme français.

----

(1) Il est inouï de constater qu'à l'occasion du centenaire de
la naissance de Proudhon (né le 15 janvier 1809) le journal
collectiviste l'*Humanité*, dirigé par M. Jaurès, eut la candeur,
d'autres disent le cynisme, de revendiquer ce sociologue
comme un précurseur communiste. Le 15 janvier 1909,
l'*Humanité* consacrait une grande partie de sa première page
à Proudhon et prônait un « pèlerinage collectiviste » sur sa
tombe. En la circonstance, M. Jaurès n'a oublié qu'une chose :
faire connaître à ses lecteurs l'œuvre réelle de Proudhon.
(N. de l'A.).

VII

ESSAIS DÉSASTREUX

Les tentatives de Fourier, de Considérant et de plusieurs autres *collectivistes avant la lettre* — « tentatives « dévorant, sans rien produire, d'immenses capitaux », a noté Proudhon — avaient donné de tels résultats que les critiques acerbes des *partageux* d'alors ne s'expliquent que trop.

En France, en Belgique et ailleurs, nombreux furent, en effet, au XIXe siècle, les essais de communisme embryonnaire. Il est inutile de les citer tous : la nomenclature en serait oiseuse. Il suffit de constater qu'aucune ne fut couronnée de succès, qu'aucune n'a été capable de vivre, ni surtout de se perpétuer, ce qui est la condition primordiale de tout groupement humain.

Fourier, notamment, avait tenté vers 1830, à Condésur-Vesgre, une expérience de colonie phalanstérienne. Son échec fut piteux.

Comment, d'ailleurs, en entrevoir la réussite ? Comment prêter quelque crédit à une conception bourrée d'excentricités de ce genre : Fourier affirmait que, lorsque sa doctrine serait entrée tout à fait dans la pratique, quand le communisme répandrait ses bienfaits sur la surface du globe, l'espèce humaine progresserait, même physiologiquement, d'une façon étonnante..., cela au point qu'elle arriverait à être agrémentée d' « une queue couronnée d'un œil » ! Et, se surpassant lui-même d'un seul coup, le prophète Fourier précisait mathématiquement l'époque où s'accomplirait ce miracle : un laps de temps de « quinze mille années » suffirait.

Aux incrédules de prendre leurs dispositions pour vérifier personnellement la réalisation du prodige annoncé par Fourier !

Le titre seul d'un ouvrage du même sociologue justifie les attaques les plus passionnées de Proudhon ; le voici : « Pièges (1) et charlatanismes des deux sectes « Saint-Simon et Owen. *Moyen d'organiser en deux*

(1) FOURIER. — Paris, 1831, in-8°.

« *mois le progrès réel*, la vraie association, ou combi-
« naison des travaux agricoles et domestiques, don-
« nant quadruple produit, et élevant à 25 milliards
« le revenu de la France borné aujourd'hui à 6 milliards
« un tiers. »

Pouvait-on jamais prendre au sérieux les théories
d'un tel maître (1), même élaguées plus tard de leurs
extravagances par Victor Considérant ?

D'autre part, dix ans avant 1848, Louis Blanc
avait exposé dans son livre, l'*Organisation du Travail*,
le plan suivant lequel fonctionneraient, à la satisfaction universelle, des « ateliers sociaux ».

Survint la Révolution de Février. Une crise du
travail éclata. Le Gouvernement provisoire de 1848
fit appel au concours de Louis Blanc. Celui-ci ne se
déroba point. Sous sa présidence, une grande commission fonctionna au Luxembourg, à seule fin de
recevoir les doléances ouvrières, d'enregistrer les

(1) Edouard Drumont signale un autre précurseur collectiviste. « La première formule de ce système — écrit-il — est
« de Pecqueur, qui avait proposé dès 1836 de *socialiser*, c'est
« l'expression qu'il emploie, les sociétés de crédit, les chemins
« de fer, les mines, etc. » (EDOUARD DRUMONT. — *La Fin d'un
Monde*, page 160).

revendications prolétariennes et de fixer une nouvelle organisation du travail.

Durant cet intervalle, le Gouvernement fondait les « ateliers nationaux », selon l'idée émise jadis par Louis Blanc lui-même. Qu'arriva-t-il ? La tentative eut un contre-coup si désastreux que les fameuses Journées de Juin (1) se produisirent, au cours desquelles des milliers d'ouvriers furent, à Paris, massacrés par la République.

A cette époque, cependant, tout avait été mis en œuvre pour qu'une expérience communiste eût lieu dans les conditions le plus larges possible. On était allé jusqu'à tirer parti d'un néo-mysticisme....

C'est ainsi qu'un certain Cabet avait profité de la rénovation de l'idée religieuse et du mouvement créé par l'abbé de La Mennais pour recruter des adeptes. Cabet s'appuyait sur l'Evangile et prétendait restaurer les exemples partiels de communauté volontaire, établis par les premiers chrétiens. Dans un manifeste intitulé : *Voyage en Icarie*, il montra à ses disciples la possibilité d'une société meilleure et en fit naître l'espoir dans leur esprit.

(1) Juin 1848 (Le général Cavaignac disposait alors de pouvoirs dictatoriaux).

Vint le moment de passer de la théorie à la pratique. Cabet se prétendait acquéreur au Texas,

— Là-bas, en Amérique —

d'une concession de 400.000 hectares : nouvelle Terre promise où tout poussait sans effort et que complétait à merveille un vaste établissement des mieux agencés et des plus confortables.

C'était le rêve !...

En 1848, des communistes convaincus partirent pour Icarie. L'un d'eux (1), avant même son arrivée à destination, écrivait, de la Nouvelle-Orléans, une lettre que publia le *Constitutionnel* et où l'on retrouve rééditée l'affirmation lyrique de Cabet : « Icarie est « fondée ; Icarie existe ; c'est un Eden, un vrai paradis « terrestre. Oh ! si vous voyiez Icarie ! »

Pendant la traversée, ce passager n'avait pas eu le mal de mer. Voilà qui explique son enthousiasme anticipé.

Mais notre homme pénétra dans le paradis icarien. Sitôt qu'il y eut mis le pied, ce fut une autre antienne : il ne songea plus qu'à revenir en France.

(1) M. E. Dubuisson, bijoutier, 103, rue Royale, à Paris (classé dans la deuxième avant-garde pour Icarie).

Pourquoi, grands dieux ?

Un de ses imitateurs va nous le dire.

Après avoir séjourné quelque peu au Texas, celui-ci (1) écrivait à son père :

« Cabet nous dit : « Vous allez dans un pays où tout « y est. » ... Faut-il être aventurier pour envoyer des « hommes, les perdre ainsi, surtout de nous envoyer « sans tout l'argent que nous lui avons donné. Mainte- « nant, *cette chimère qu'il nous avait mise dans la tête* « *est l'état social le plus infâme possible ; c'est l'escla-* « *vage complet, c'est l'enfer* ; si vous êtes cent, c'est « cent maîtres que vous avez. Vous ne pouvez rien « faire ni manger qui ne soit à retoucher et à censurer ; « vous n'avez aucune liberté et, toute la journée, « disputes pour le manger : « Toi, tu manges trop ; « moi, je mange moins ; tu es un fainéant, etc. » Toute « la patience du monde ne suffirait pas pour une « heure. Seulement, nous sommes bien désaveuglés, « mais trop tard ; mais il fallait passer par là. *Mainte-* « *nant, ceux qui n'en ont pas goûté peuvent essayer ;* « *ils seront bientôt guéris.* »

Des centaines de lettres d'hommes et de femmes

(1) J. Carnet, 24 décembre 1848.

apportèrent le même témoignage. L'exode commença et Icarie fut vite déserte.

Un journal de la Nouvelle-Orléans a publié, à cette époque, la longue relation d'un communiste migrateur. Voici un passage du récit en question :

« On nous avait prêché qu'Icarie était une ville
« mirobolante, auprès de qui Paris, la ville de luxe,
« Capoue, la ville des délices, étaient de la Saint-Jean !
« Il y avait déjà plusieurs mois que la première avant-
« garde nous avait devancés, eh bien ! quand nous
« sommes arrivés, nous n'avons trouvé que quelques
« huttes ouvertes à tous les vents et à toutes les intem-
« péries des saisons ! Et nos devanciers étaient dans
« le plus grand dénûment et la plus grande des misères.

« Ils avaient dû, nous dit-on, ensemencer des
« milliers d'acres de terre ! Qu'avaient-ils mis en
« culture ? Cinquante lieues carrées de terrain où ils
« avaient planté cinq cents radis, dont on n'a jamais
« vu même la queue d'un seul... Voilà ce qu'est Icarie,
« le pendant du Botany-Bay de la Grande-Bretagne !
« Seulement au lieu d'y envoyer vivre des voleurs, on
« y envoie mourir des volés. »

Le journal américain bornait ses commentaires à cette constatation aussi brève qu'éloquente :

« Voilà comment s'exprime l'ex-communiste sur la
« terre promise ! »

En 1853, Considérant se rendait, à son tour, au
Texas, en compagnie de l'Anglais Albert Brisbane,
pour y tenter une nouvelle expérience communiste,
« navré, expliquait-il, de n'avoir pu obtenir, en 1849,
« de l'Etat français, une concession de 1500 hectares
« de la forêt de Saint-Germain-en Laye, pour y établir
« un phalanstère. » Au Texas, Considérant devait
échouer dans sa tentative, comme les propres adeptes
de Cabet.

Avec un actif ou plutôt un passif aussi décevant, le
socialisme aurait été irrémédiablement condamné s'il
se fût, alors, identifié avec le collectivisme, le communisme, l'étatisme.

Heureusement, ce n'était pas le cas.

La poussée sociale ne se paralysa point, parce que
les plus clairvoyants parmi les interprètes de la
Pensée socialiste — y compris Louis Blanc lui-même !
— ne s'hypnotisaient guère sur une refonte plénière
de la société moderne. Loin de nier l'œuvre de 1789, ils
songeaient à la compléter. Décidés à tirer parti des
améliorations acquises soixante ans plus tôt, ils
combattaient surtout les effets produits par l'abus de

cette périlleuse concurrence commerciale qui résultait de l'intense multiplication du machinisme.

Aussi assista-t-on à ce spectacle :

Proudhon, dénonçant la stérilité de la politique — en soulignant bien que la République avait mitraillé les ouvriers et que le communisme les avait trompés — se rapprocha des Napoléon qu'il considérait comme les auxiliaires (1) tout désignés du progrès social.

Sans aller aussi loin que Proudhon, d'autres socialistes n'en reléguèrent pas moins la politique au dernier plan de leurs préoccupations révolutionnaires. Fervents républicains cependant, ils s'attachaient peu aux mots qui n'engendrent jamais que d'autres mots et, parfois même, des... maux.

Tous ces hommes sincères s'efforcèrent d'orienter dans sa véritable voie le socialisme qui, en dehors et au-dessus des vaines étiquettes, doit donner pour assises à son action la liberté de l'individu et la liberté des groupes, garanties l'une et l'autre par la propriété individuelle et par la propriété plurale — cette dernière collective, mais nullement collectiviste.

(1) « Puisque aujourd'hui la fortune impériale est devenue solidaire de la Révolution... », etc. (Lettre de Proudhon au prince Napoléon, 7 janvier 1853).

Ainsi grandit le socialisme, grâce à la formule indi-vidualiste. Il recueillait tous les jours de nouvelles adhésions et pénétrait dans tous les *mondes* et dans tous les milieux.

VIII

ÉVOLUTION VERS L'ÉTATISME

Aujourd'hui, les thaumaturges du « socialisme unifié » ont nettement brisé et définitivement rompu avec l'individualisme, quel qu'il soit.

Ils nient toute parenté avec les *partageux* d'antan.

« Non, disent-ils, pas de partage ! pas de morcellement de la propriété !... ». Ce qu'il leur faut, ce qui leur chante, c'est faire disparaître celle-ci.

Selon eux, l'expropriation générale est « l'alpha et l'oméga » du progrès social. Que l'Etat s'empare de tout et jette son emprise sur tout ; qu'il s'approprie la moindre fortune comme la plus grosse, et devienne le grand, l'unique propriétaire : voilà l'idéal qu'ils proposent à la Démocratie contemporaine, précisément dépouillée de tout avoir et de tout bien.

Un tel programme n'empêche nullement les « unifiés » de repousser aussi toute filiation avec les Fourier et les Saint-Simon, en même temps que toute consanguinité avec les aînés dont les tentatives communistes n'ont, aucune, réussi. Très subtils, les collectivistes actuels — cadets et tard-venus — prétendent que les expériences antérieures ont échoué parce que la base n'en était pas assez large : d'après eux, ces essais auraient dû englober au moins un pays entier. Désinvoltement, du reste, ils déclarent que les principes de leurs devanciers ne furent pas de pure essence collectiviste.

En définitive, les communistes de notre époque se proclament étatistes, autrement dit professent que l'Etat collectiviste seul est à même d'assurer efficacement la réussite d'une expérience communiste.

Ils gardent, certes, quelque admiration pour Babeuf, mais simplement parce que celui-ci a laissé dire, dans le *Manifeste des Egaux*, que « le partage était le vœu « de quelques soldats sans principes et de quelques « peuplades mues par leur instinct plutôt que par « la raison. » Mais, à l'instar de Fourier, ils ne sauraient lui pardonner et ne lui pardonnent pas d'avoir subordonné tout son système à la « sacro-sainte égalité ».

S'inspirant du *Code de la Nature* (1) de Morelly, Gracchus Babeuf avait, en mars 1796, fondé une société dite « du Panthéon ». Un mois plus tard, les babouviens faisaient paraître leur *Manifeste des Egaux*, rédigé par Sylvain Maréchal.

On y lisait notamment :

« Il nous faut non pas seulement cette égalité,
« transcrite dans la Déclaration des Droits de l'Homme
« et du Citoyen, nous la voulons au milieu de nous,
« sous le toit de nos maisons. Périssent, s'il le faut,
« tous les arts pourvu qu'il nous reste l'égalité réelle.

« ... Qu'il ne soit plus d'autre différence parmi les
« hommes que celle de l'âge et du sexe. »

Babeuf et ses disciples de la « Société du Panthéon » n'y allaient pas de main morte !

Plus stricte que l'*égalité naturelle* qui, elle, comporte d'infinies variétés physiologiques, psychologiques et intellectuelles, la leur n'admettait, chez l'être humain, que la différence du sexe et de l'âge.

La taille, la couleur, la physionomie, la santé,

(1) Ouvrage de MORELLY et faussement attribué à Diderot. Morelly était, dit-on, originaire de Vitry-le-François. Son *Code de la Nature* fut publié en 1755 (in-12).

l'intelligence, le talent, la vocation, etc., ne comptaient nullement pour ces niveleurs outranciers.

Comment, dès lors, auraient-ils su borner leurs aspirations à la seule égalité possible, celle des *moyens matériels* dont chaque individu serait pourvu avec la faculté, c'est-à-dire la liberté d'en tirer par ses efforts particuliers le maximum possible de bien-être personnel ?

Aussi, les babouviens étaient-ils tombés dans la démence pure.

Il ne faut, disaient-ils, « ni philosophie, ni théologie, « ni poésie, ni roman, ni peinture, ni statuaire, ni « gravure... Tout le monde doit se faire laboureur ! » Qu'importent la science (1) et tous les progrès acquis par la civilisation, pourvu que l'égalité communiste (l'égalité antinaturelle) règne.... au besoin dans la misère la plus atroce, quand la société devrait rétrograder jusqu'à l'âge des cavernes ?

Une « trouvaille » des babouviens fut celle-ci :

(1) Un souvenir historique s'impose. N'est-ce pas au sujet du grand chimiste Lavoisier, guillotiné le 8 mai 1794, que fut prononcée la parole impie : « La République n'a pas besoin de savants » ?

création d'un costume national dont les Français auraient l'obligation d'être uniformément revêtus.

C'était inoffensif et si ridicule !

Mais tout ne fut pas du même acabit.

Avant Babeuf, Morelly s'était contenté de demander qu'on internât comme fou tout homme ayant simplement prononcé le mot de propriété individuelle. Babeuf estima le châtiment trop anodin : il prétendait qu'*avait seul le droit de vivre quiconque aurait fait publiquement profession de foi* (1) *égalitaire et communiste.*

De l'aveu unanime, le babouvisme, ce collectivisme en germe, avait poussé les choses un peu loin, un peu trop loin.

C'est pourquoi les collectivistes perfectionnés d'aujourd'hui ne se soucient guère d'accepter un tel héritage et d'endosser la responsabilité d'énormités pareilles.

Pour mieux se dégager de l'égalité morbide des babouviens, ils repoussent même, d'un cœur léger, l'égalité tout court, et Vandervelde (2) écrit :

(1) L'âge requis pour faire cette profession de foi n'a pas été indiqué (N. de l'A.).

(2) EMILE VANDERVELDE. — *Le Collectivisme et l'Evolution*

« Rien n'empêcherait une société collectiviste de
« maintenir — *mutatis mutandis* — la hiérarchie des
« traitements qui existe, aujourd'hui, dans les services
« publics.

« Le collectivisme n'implique donc pas nécessaire-
« ment égalité de rémunération. »

De la sorte, le babouvisme est relégué au musée des
Antiques !

Ce n'a pas été le seul système mis sous globe ; les
autres méthodes primitives du moderne communisme
français l'ont suivi dans la même nécropole : fouriérisme, saint-simonisme, etc.

L'Allemand Schaeffle (1) le note sans ambages :

« Les vieux plans — écrit-il — les vieux plans fan-
« tastiques de réorganisation de Charles Fourier et
« d'autres novateurs, bien qu'impliquant les idées
« fondamentales du socialisme contemporain, *ne cons-*
« *tituent plus son programme.* Le collectivisme agita-
« teur de notre époque est devenu sans doute plus

industrielle, page 203 (édition de 1900 de la Bibliothèque
socialiste).

(1) SCHAEFFLE. — *Quintessence du Socialisme* (traduction
de Benoît Malon, édit. de 1904 de la Bibliothèque socialiste).

« raisonnable, et est tout autre chose que les rêveries
« fouriéristes et saint-simoniennes. »

Eh ! bien, mais où donc alors se condense, où donc
se précise la proposition fondamentale du collectivisme actuel ?

Sa profession de foi se trouve dans le manifeste
communiste dû à la collaboration de Karl Marx et
d'Engels, et paru à Londres, en langue allemande,
quelques semaines avant notre Révolution de Février
1848.

Toutes les tendances collectivistes y sont cristalli-
sées en ces deux lignes (1) :

« ... Les communistes ont le droit, en effet, de
« résumer leur théorie dans cette formule : ABOLITION
« DE LA PROPRIÉTÉ PRIVÉE (2). »

C'est net !

(1) KARL MARX et ENGELS. — *Le Manifeste communiste*,
page 42, § 36 (édition de 1901 de la Bibliothèque socialiste).

(2) Rapprocher de ce paragraphe du *Manifeste communiste*
les paroles prononcées par Vaillant, le 28 mars 1909, au
8e Congrès de la Fédération socialiste de la Seine : « La petite
« comme la grande propriété est appelée à disparaître. Nous
« défendrons le petit paysan contre les faits inexorables, nous
« adoucirons son agonie sociale, mais nous ne pouvons lui
« dissimuler la vérité. » (Journal l'*Humanité*, du 29 mars 1909,
3e page).

Dogme du socialisme *allemand*, cet abrégé substantiel eut du mal à s'imposer comme vérité essentielle et unique parmi les socialistes français. Cela ne vint qu'à la longue.

Avant 1870 et même après la Commune, les militants socialistes de notre pays gardèrent une réserve grosse de méfiance en ce qui touche à la suppression radicale de la propriété individuelle. Certains y adhéraient déjà (1), mais cette adhésion était loin d'être intégrale quant au fond et unanime quant au nombre.

Ce n'est qu'au quatrième Congrès national, qui se tint au Havre en 1880, que fut prise une résolution générale vraiment formelle. Cette décision est spécifiée dans le dernier paragraphe du programme adopté :

« Les travailleurs français donnent comme but à

(1) Jules Guesde, qui venait d'entrer au journal les *Droits de l'Homme*, commença en 1876 seulement, dans les milieux ouvriers, la propagande en faveur des idées marxistes. Celles-ci eurent de la peine à être acceptées. C'est au Congrès de Lyon, en 1878, que fut présentée, dans une assemblée de socialistes français, la première proposition collectiviste ; soutenue alors par deux guesdistes, MM. Ballivet et Duperrée, elle fut rejetée par l'assemblée : le prolétariat français restait donc encore partisan de la propriété individuelle. (N. de l'A.).

« leurs efforts le retour à la collectivité de tous les
« moyens de production. »

Ceux qui, actuellement, s'intitulent « unifiés » ne
préconisent donc plus les théories de l'ancien socialisme français ; ils professent une doctrine étatiste
allemande, condensée dans l'Evangile de Karl Marx.

IX

« NIL NOVI SUB SOLE »

En matière de communisme, collectivisme, étatisme, Karl Marx n'a rien inventé : la « bonne nouvelle » fut apportée au monde bien avant le manifeste de 1848.

A cette date, Marx (et Engels avec lui) ne fit que plagier Constantin Pecqueur, dont l'ouvrage : *Des intérêts du commerce, de l'industrie et de l'agriculture* remonte à dix ans plus tôt et dont la brochure : *Des améliorations matérielles avec la liberté*, qui suivit, est de 1840.

D'ailleurs, avant Marx encore, Frédéric List avait quelque peu abordé le sujet, dès 1841, dans son *Système d'économie politique nationale.*

Bien mieux, il y a de ceci vingt-trois siècles, un des

plus grands philosophes de l'antiquité, Platon (1), écrivait déjà, 355 ans avant Jésus-Christ :

« Quelque part que cela se réalise ou doive se réaliser,
« il faut que les richesses soient communes entre les
« citoyens et que l'on mette le plus grand soin à
« retrancher du commerce de la vie jusqu'au nom de
« propriété. »

De la téméraire prédiction du philosophe grec, il convient de rapprocher une expérience collectiviste faite précisément en Grèce, avant l'ère chrétienne. L'étatisme fut en honneur à Sparte, caserne des ilotes, ne l'oublions pas ! Or, l'étatisme a provoqué la décadence de la République lacédémonienne.

Mais, avant Platon lui-même, au temps des peuples pasteurs, tel le peuple israélite (2), un modèle de société collectiviste avait été synthétisé dans l'organisation de la tribu. La terre appartenait à tous, et

(1) PLATON. — *Les Lois.*
(2) « Le christianisme naissant, du reste, ne faisait (en
« matière communiste) que suivre la trace des esséniens ou
« thérapeutes et des sectes juives fondées sur la vie cénobi-
« tique. Un élément communiste entrait dans toutes ces
« sectes, également mal vues des Pharisiens et des Saddu-
« céens. » (ERNEST RENAN. — *Vie de Jésus,* édition populaire,
page 102).

chacun bénéficiait d'une quote-part en rapport avec son travail, son rang et ses capacités. Un conflit surgissait-il entre certains membres de la tribu : sur le champ, l'Ancien ou le Patriarche était là pour tout départager.

Dans quel néant a sombré ce lointain passé, au point de vue des résultats acquis et perpétués ?...

Ce n'est pas tout ! Une tentative devait prendre naissance en Judée et surpasser toutes les autres, autant par les moyens mis en œuvre que par les conditions exceptionnelles où elle allait se développer — conditions dont il serait insensé d'escompter le renouvellement.

Cet essai réalisa pleinement le rêve du sage Platon qui n'avait entrevu la réussite possible du communisme que grâce à une expérience *mondiale* s'effectuant sous l'égide de l'idéalisme le plus pur.

Toute une société, régie par un empire universel, reçut et continua de recevoir pendant des siècles l'ensemencement de la doctrine éminemment altruiste du Nazaréen, le plus grand apôtre communiste dont l'Histoire ait fait mention.

Du vivant de ce maître incomparable, la force de

rayonnement de ses théories n'atteignit qu'un cercle restreint, et cela se comprend sans peine.

« Ces maximes — explique Ernest Renan (1) — « bonnes pour un pays où la vie se nourrit d'air et de « jour (2), ce *communisme* délicat d'une troupe d'en-« fants de Dieu, vivant en confiance sur le sein de « leur père, pouvaient convenir à une secte naïve, « persuadée à chaque instant que son rêve allait se « réaliser. Mais il est clair qu'elles ne pouvaient « rallier l'ensemble de la société. »

Cependant, il advint que le maître sacrifia sa vie à ses idées. Il subit la mort dans les pires tortures. Son martyre décupla la puissance d'expansion de la doctrine. Une sérieuse organisation communiste se forma, dont la propagande était destinée à ébranler le monde et à faire disparaître la vieille société pourrie.

La règle en fut précisée, dès le début.

Pierre (3), parlant du groupement communiste dont il était le pasteur, a dit :

(1) ERNEST RENAN. — *Vie de Jésus*, édition populaire, page 106.

(2) Dans le peuple, on dit aujourd'hui : « Se nourrir d'amour et d'eau fraîche. » (N. de l'A.).

(3) *Actes des Apôtres* (Chap. IV, § 34 et 35).

« Il n'est personne parmi eux qui fût dans l'indi-
« gence, parce que tous ceux qui possédaient des
« fonds, des terres, des maisons, des biens de toute
« sorte, les vendaient et apportaient le prix de ce
« qu'ils avaient vendu et le mettaient à la disposition
« des apôtres. Ceux-ci le distribuaient à chacun sui-
« vant ses besoins » (1).

Hélas ! — dans cette phase initiale où l'abnégation
individuelle aurait dû être volontairement et joyeuse-
ment rigoureuse — que de défaillances déjà sont à
enregistrer chez les pionniers eux-mêmes de la collectivité chrétienne ! Certains furent totalement oublieux
de leurs obligations communistes.

N'importe ! Le besoin d'un changement social se
faisait trop sentir pour que la défectuosité pratique
mise en évidence par les défaillances individuelles
arrêtât le mouvement. Celui-ci grandit et son ampleur
fut telle que, moins de trois cents ans plus tard, un

(1) Cette communauté des ressources persista longtemps.
Voltaire note que, sous l'empereur Claude : « Les chrétiens
« élisaient leurs supérieurs secrets à la pluralité des voix. Ces
« supérieurs, sous le nom d'anciens, de prêtres, d'évêques, de
« diacres, ménageaient *la bourse commune*, avaient soin des
« malades, pacifiaient leurs querelles. » (VOLTAIRE. — *Diction-
naire philosophique*, tome II, page 424, édition de 182( ).

disciple du communiste Jésus, Constantin, s'asseyait sur le trône des Césars (1) et gouvernait le monde.

On se trouvait, alors, à l'apogée de la fameuse civilisation romaine qui est à même de soutenir toute comparaison avec la nôtre.

Eh ! bien, malgré la suprême puissance de l'empereur chrétien, le communisme — « convenant à une secte naïve », suivant l'expression de Renan — rencontra d'autant plus d'obstacles que sa force ascensionnelle, si l'on peut dire, fut plus grande. Les imperfections individuelles et les appétits particuliers, les intérêts opposés et les défaillances collectives, sans parler des besoins divers qu'explique l'ethnographie dans un monde resté disparate malgré la domination romaine, et aussi la stérilité de l'œuvre positive des Conciles absorbés surtout par des débats fastidieux, en somme les réalités de la vie sociale formèrent un bloc contre lequel le communisme se heurta et finit par se briser.

Son aspect primordial s'effrita peu à peu, se déforma, se perdit.

(1) Rapprocher de ce fait l'indication de Karl Marx qui affirme : « La nécessité probable de la dictature comme prélude à la société collectiviste de demain ».

On sait le reste...

En France, notamment, à partir de Clovis, l'expérimentation du collectivisme platonicien, du pur communisme évangélique (1) eut deux aboutissants dans le cours des âges : l'un conventuel, l'autre séculier.

Les groupements communistes, dont l'objectif religieux ne resta pas la norme, se transformèrent en agrégats politiques et devinrent la proie des chefs élus qui, à bref délai, se rendirent héréditaires. Aussitôt, apparut la Féodalité qu'escortait le servage succédant à l'esclavage.

Les groupes, qui, au contraire, surent conserver leur objectif « régulier », se muèrent petit à petit en ordres religieux, fondèrent des communautés et bâtirent des couvents. Ils créèrent alors dans leur sein, une mentalité dont les imitateurs de François d'Assise, en France, ont offert d'innombrables types fort curieux. La pauvreté, parmi ces communistes apostoliques, était considérée comme la vertu première. Et, pour mieux pratiquer cette pauvreté transcendante,

(1) « La communauté des biens terrestres serait le meilleur et le plus préférable des états ». (AMBROS.— *Of. fic.* I, 23, 132).

ils tombèrent dans l'us et l'abus de la mendicité. Bientôt celle-ci devint universelle : les ordres mendiants (1) pullulèrent de toutes parts.

D'un côté, les rois durent attaquer le parasitisme d'en haut ou parasitisme politique, c'est-à-dire la Féodalité : tel Louis VI qui lutta pour l'affranchissement des Communes, ou Louis XI qui eut à vaincre les grands feudataires.

D'un autre côté, certains réformateurs ecclésiastiques se firent un devoir de conscience de réprouver, de dénoncer et de combattre le parasitisme d'en bas : le parasitisme religieux, alimenté par la mendicité monacale.

Le déclin, la caducité frappaient la grande tentative communiste de la primitive Eglise...

Ce n'est pas dire que l'illusion s'envola d'un seul coup ! Les bâtisseurs de systèmes sont de tous les temps et de tous les pays. Malgré les plus décourageantes épreuves et les preuves les plus décisives, ils gar-

(1) « Les ordres mendiants, les innombrables sectes *commu-* « *nistes* du moyen-âge (pauvres de Lyon, bégards, bons « hommes, fraticelles, humiliés évangéliques, etc.), groupés « sous la bannière de l'Evangile éternel, prétendirent être et « furent, en effet, les vrais disciples de Jésus. » (ERNEST RENAN. — *Vie de Jésus*, édition populaire, page 110).

dent toujours une foi aveugle en la chimère..., aveugles étant qui ne veulent pas voir !

Aujourd'hui des critiques, justifiées ou non, s'élèvent contre la faillite sociale du catholicisme. Elles ne sont rien en comparaison des attaques passionnées d'un Luther ou d'un Calvin. Néanmoins, au siècle de ceux-ci, des « penseurs » se rencontrèrent encore pour élucubrer de *nouvelles* théories et dresser de *nouveaux* plans communistes, à tendances soit théocratiques, soit oligarchiques, soit démocratiques. Entre autres, l'Anglais Thomas Morus écrivit l'*Utopie* (1). L'Italien Campanella donna *la Cité du Soleil* (2). Le Français Jean Bodin fit imprimer *la République* (3), sous le propre règne de Charles IX. Plus tard, vint Morelly, le précurseur des Babeuf, des Saint-Simon et des Fourier.

N'importe ! en France, les résultats atteints se trouvaient de plus en plus en contradiction avec les espérances conçues ; toute une société y dépérissait sous l'arbre aux fruits vénéneux. Abattre l'arbre et en extirper les racines elles-mêmes devenait, chaque

(1) *L'Utopie*, parue en 1518.
(2) *La Cité du Soleil*, parue en 1623.
(3) *La République*, parue en 1570.

5

jour, d'une nécessité plus urgente. La Révolution, une révolution formidable, ne pouvait pas ne pas se déchaîner.

Il fallut, chez nous, tout l'effort de 1789 pour balayer les résidus d'un communisme qui avait donné toutes ses désastreuses conséquences, et pour essayer en même temps de régénérer le pays par la proclamation d'un régime de liberté individuelle.

De nos jours, il reste à parachever cette œuvre de libération et de régénération, puisqu'en 1789 la totalité des citoyens n'a pas trouvé — dans une accession générale à la propriété — la garantie personnelle de ses Droits naturels et imprescriptibles.

Comment terminer l'ébauche esquissée par la Grande Révolution Française ?

Convient-il, par exemple, de tenter dans ce but un nouvel essai communiste ?

Avant de formuler une réponse, la constatation suivante s'impose à tous les hommes de bonne foi, à tous les démocrates sincères :

En Asie, les peuplades Kirghiz sont, aujourd'hui, pliées au collectivisme. En Afrique, les nègres anthropophages en pratiquent les douceurs. En Amérique, les derniers Peaux-Rouges, vivant en communisme, ne forment plus que des squelettes de tribus : le ressort de vitalité s'est atrophié chez eux.

Voilà qui est déjà symptomatique. Il y a mieux encore, si possible.

En Europe, dans les Balkans, les Serbes asservis ou menacés de l'être sont groupés par communautés familiales.

En Russie même, dans certaines régions, la propriété individuelle n'existe pas ; les paysans cultivent le *Mir* (1), bien communal indivis.

Or, si la Révolution a grondé récemment en Russie, elle a peut-être été provoquée politiquement par les abus de l'autocratie ou, mieux, par ceux de l'oligarchie bureaucratique, mais elle l'a été surtout économiquement par les résultantes d'un communisme oppresseur dont les Slaves entendent ne pas mourir.

Quand la Russie tzarienne s'efforce de briser les entraves collectivistes, quand elle enfante une Révolution pour la propriété individuelle : la France de 1789 doit-elle renier une Révolution identique restée

(1) Voir TCHERNICHEWSKY. — *L'organisation de la Commune russe* (Bibliothèque d'Etudes socialistes).

en suspens et, au lieu de la compléter, revenir à la tyrannie des agrégats communistes ?

Au prolétariat « conscient » de répondre !

A lui de dire si, quand les autres peuples vont de l'avant, nous pouvons, nous, faire machine-arrière.

X

FÉODALITÉ NOUVELLE

Le terrain se trouvant déblayé au double point de vue historique et expérimental, voici le moment venu d'envisager le problème sous ses autres faces, en tenant compte d'un « fait nouveau ».

C'est qu'en effet, d'après Karl Marx, Lassalle, Guesde et leurs disciples, la question sociale revêt désormais un aspect tout différent à cause de l'entrée en jeu de facteurs insoupçonnés il y a un siècle à peine.

L'essor du machinisme, la surdivision du travail, l'intensification de la plus-value — affirment ces rapiéceurs de vieux-neuf — orientent fatalement la société contemporaine vers le communisme dont l'instauration serait à présent possible, tandis qu'elle ne l'était pas encore, il y a cent ans seulement.

Voici ce qu'on lit, à cet égard, dans le *Manifeste communiste* (1) :

« Les premières tentatives que fit le prolétariat
« (avec Babeuf), en un temps de bouleversement
« général, au temps où l'on renversait le régime
« féodal (*sic*), pour faire prévaloir son propre intérêt
« de classe, échouèrent de toute nécessité. Elles
« échouèrent parce que le prolétariat lui-même n'avait
« atteint encore qu'un développement rudimentaire,
« et parce qu'il lui manquait les conditions matérielles
« de son émancipation, lesquelles, précisément, ne
« sont qu'un produit de l'époque bourgeoise. La
« littérature révolutionnaire qui accompagne ces pre-
« miers mouvements du prolétariat est d'*essence*
« nécessairement *réactionnaire*. Elle enseigne un ascé-
« tisme universel et un égalitarisme grossier. »

Ces constatations sont-elles conformes à la réalité ?
Admettons-le provisoirement.

Mais, d'ores et déjà, il faut retenir que, si l'expérience nouvelle de communisme qu'on propose de tenter devait aboutir à son tour à la pratique « d'un ascétisme universel et d'un égalitarisme grossier », elle ap-

(1) KARL MARX et FRIEDRICH ENGELS. — *Le Manifeste communiste*, page 67, § 70.

paraîtrait, sans plus, foncièrement inutile, de l'aveu même de Karl Marx et d'Engels.

Ceci posé, il suffit, pour apprécier le bien-fondé de la thèse collectiviste, de savoir : 1º si l'essor du machinisme et ses effets propres au cours du XIXᵉ siècle constituent, d'une part, la cause véritable de la crise sociale actuelle ; 2º si, d'autre part, la surdivision du travail et ses conséquences assurent une probabilité de réussite, tout au moins une possibilité de réussite à une nouvelle et utile expérience communiste ou collectiviste.

Eh ! bien, ni l'une ni l'autre de ces deux propositions fondamentales du marxisme n'est exacte. C'est dire que le collectivisme contemporain fait fausse route en les acceptant comme des axiomes, et qu'il veut nous faire faire fausse route en nous les présentant sous ce jour. Il greffe son point de départ sur une erreur double. Quoi d'étonnant, dès lors, à ce qu'il aboutisse à une absurdité ?

Sérions les questions....

Examinons d'abord celle-ci : « La surdivision du « travail démontre que le collectivisme est désormais « utilement réalisable. »

Ainsi fixé, le point en litige comporte l'interrogation

suivante : Depuis soixante ans, quelle a été la résultante de la surdivision du travail, autrement dit de sa spécialisation ?

Cette résultante réside dans l'éclosion du phénomène qui peut s'appeler : l'intensification coopérative. A cet égard, pas de contestation possible !

Mais, dans quelles conditions — car, c'est là l'objet du débat — s'est produite l'intensification du travail en commun ?

Voici :

Les usines, les ateliers, se sont agrandis et multipliés d'une façon prodigieuse. Aujourd'hui, l'on ne voit que compagnies de toute sorte et que sociétés de tout genre.

D'aucuns estiment, non sans raison, que le régime commercial, industriel et financier de ces compagnies et de ces sociétés constitue la véritable plaie sociale de l'heure présente. Fort bien ! mais qu'est-ce que cela prouve ?

Cela prouve qu'un tel régime doit être modifié, voire même changé du tout au tout. Cela, par contre, ne saurait démontrer qu'une expérience communiste ait, à l'heure actuelle, plus que précédemment, quelques chances de succès, surtout de succès profitable au prolétariat.

Car, le développement des grandes usines, des ateliers immenses, des manufactures colossales ; l'apparition des cartels, des trusts, des monopoles, n'ont fait entrer en jeu que la propriété collective, et non la propriété collectiviste. Or, ces deux modalités — nous l'avons démontré plus haut (1) — diffèrent essentiellement l'une de l'autre.

Est-il nécessaire de le rappeler : la propriété collective établit une forme plurale de la propriété individuelle, tandis que la propriété collectiviste en entraîne la confiscation ?

La propriété collective, *équitablement ordonnée*, réserverait à chacun sa part du fonds social. La propriété collectiviste, en toutes occurences, dépouillerait et exproprierait tout le monde grâce à l'emprise absolue de l'Etat.

A notre époque, la propriété collective, mal réglée, aboutit à une spoliation parcellaire, mais simplement temporaire si nous savons le vouloir. La propriété collectiviste, elle, comporterait une spoliation totale et définitive.

Le remède semble donc pire que le mal !

(1) Voir chap. VI : « Les *Rouges* de 1848 ».

Voilà la conclusion à tirer, quant à l'action bienfaisante possible du collectivisme.

Oui, Guesde, Vaillant et consorts, en présence du très défectueux régime présent de propriété collective, sont fondés à déduire que « l'essor commercial, « industriel et financier a engendré, chez nous, une « féodalité nouvelle » ; mais ils ne le sont pas à en induire l'efficacité d'une solution collectiviste.

Que gagnerait, en effet, la masse, le prolétariat urbain et rural, à voir notre régime féodal remplacé par un régime absolu ?

Car — il faut y insister — le système collectiviste est nécessairement absolutiste : tout, par lui, est d'une façon impérieuse ramené et asservi à l'Etat qui, sans contrôle aucun, disposerait d'un pouvoir discrétionnaire en vue d'une gestion omnipotente.

A-t-on oublié les leçons de l'Histoire ?

La féodalité moyenâgeuse a été balayée par l'absolutisme régalien. Or, en brisant l'ancienne féodalité, celui-ci ne fit, en ce qui touche le Peuple, disparaître aucun des abus créés par elle, aucun des vices qui lui étaient inhérents. Il conserva et perpétua les uns et les autres pour en bénéficier à son tour.

Aussi, la Révolution de 89 s'est-elle dressée, furieuse, non pas contre le féodalisme, antérieurement vaincu, mais contre son vainqueur, l'absolutisme, aussi mauvais sinon pire que lui.

Si, par aventure, la féodalité contemporaine était détruite par un absolutisme nouveau, en l'espèce par l'étatisme : avant longtemps le prolétariat, le « quatrième-état » se verrait à son tour dans l'obligation de jouer le rôle du Tiers, en 1789, et de récidiver révolutionnairement pour son propre compte. C'est qu'à la vérité, les défectuosités que comporte aujourd'hui le fonctionnement du régime de propriété collective seraient conservés, perpétués, sinon décuplés par un régime de propriété collectiviste, l'absolutisme ne valant pas mieux que la féodalité.

Dans ces conditions, une nouvelle expérience communiste apparaît inadmissible, stupide, dangereuse, tout au moins inutile.

Plus profitable et seule profitable serait, pour le prolétariat, une réforme du régime de la propriété collective, qui permettrait d'arracher cette dernière aux griffes de la féodalité ploutocratique et d'en attribuer directement les bénéfices à la masse qui produit !

Le premier point controversé est ainsi résolu.

... Passons maintenant à l'autre proposition fondamentale du communisme moderne : « L'essor du « machinisme est la cause de la crise sociale, en raison « de la plus-value qui a engendré le capitalisme, « c'est-à-dire la propriété parasitaire issue du travail « d'autrui. »

Rien n'est plus faux qu'une telle assertion. Si, en effet, celle-ci était exacte — étant donné que, pour détruire le mal, il importe d'anéantir sa cause — il serait urgent, pour obvier aux tristes conséquences de l'essor du machinisme, d'atteindre le machinisme lui-même ; par conséquent, il conviendrait de briser les instruments de travail et tout l'outillage perfectionné d'aujourd'hui, et en même temps de les prohiber à tout jamais, de façon à empêcher celui-ci et ceux-là de jouer dans l'avenir le même rôle néfaste.

Qui aura l'inconsciente audace de le proposer ?

Le machinisme est, en soi, la chose la meilleure. Sa destination première fut et serait encore de diminuer la fatigue du manouvrier et aussi la durée de son labeur. Son rôle vrai dans l'économie sociale se résume ainsi : « Gain plus élevé pour un effort moindre ».

Comment se fait-il qu'aujourd'hui l'effort n'est pas sensiblement inférieur à celui de jadis, au moins quant à la durée du travail, et que le gain n'apparaît pas supérieur, étant donnée la cherté croissante de la vie ?

Ceci tient à la mauvaise répartition des bénéfices, par l'effet actuel de notre inique régime de propriété collective, où l'anonymat a permis tous les accaparements et favorisé toutes les mutations frauduleuses de la richesse acquise, et, par suite, a provoqué l'éclosion du capitalisme parasitaire.

Changer ce régime, pour assurer à quiconque travaille la juste rémunération de son labeur particulier, qu'il soit manuel ou intellectuel : voilà le but du socialisme véritable, du socialisme qui n'admet ni le parasitisme d'en haut, ni le parasitisme d'en bas.

Au lieu de se perdre en des calculs oiseux sur la plus-value et de disserter jusque dans les nuages sur la théorie de la valeur, Marx et ses disciples auraient agi en « socialistes plus conscients » s'ils se fussent appliqués à résoudre la question dans ce sens.

Car les individualistes ont raison de dire :

« Si la propriété actuelle, personnelle ou collective,
« comporte des abus puisqu'elle ne profite qu'à cer-
« tains privilégiés : il suffit de faire disparaître ces abus,
« en permettant à la totalité des hommes l'accession
« à la propriété. Lorsque chaque individu détiendra

« une part de propriété bien à lui, comme garantie de
« sa liberté propre : il ne se trouvera plus à la merci
« des imperfections sociales. »

A cela, les collectivistes répondent :

« Que le régime communiste soit, comme les autres,
« susceptible d'imperfections, c'est possible ; en tous
« cas, il ne comporterait point ces deux vices rédhi-
« bitoires : ascétisme universel et égalitarisme grossier
« auxquels Karl Marx a attribué l'échec des collec-
« tivistes primitifs. Une nouvelle expérience collecti-
« viste est donc réalisable. »

Mais, aussitôt, les individualistes — libertaires,
disciples de Proudhon et autres — ripostent :

« Si l'égalité ne doit pas régner sous le régime col-
« lectiviste de demain, de quel droit les communistes
« d'aujourd'hui se plaignent-ils de l'inégalité actuelle
« des conditions ? En outre, si l'ascétisme n'est pas de
« règle dans une société collectiviste, c'est que le luxe
« y persisterait, et cela au profit seulement de quel-
« ques-uns, puisque Karl Marx et Jaurès ne veulent
« pas d'un égalitarisme grossier. Dès lors, qu'y aurait-
« il de changé ?

« Rien ! si ce n'est la substitution d'une nouvelle
« coterie de jouisseurs à la catégorie des parasites pré-

« sents. Une nouvelle oligarchie serait à gaver aux
« dépens de la classe prolétarienne dont, en consé-
« quence, la misère ne ferait que s'accroître. »

Le collectivisme ne comportera-t-il, en effet, qu'une
réédition du procédé odieux de « l'ôte-toi de là que je
m'y mette » ?..... Qu'on le dise !

Quoi qu'il en soit, une pareille solution ne saurait
convenir au Peuple, au Peuple qui a faim, au Peuple
qui, suivant le mot du bonhomme Chrysale,

    ... Vit de pain et non de beau langage !

XI

CASERNE OU COUVENT

Inutile de se livrer au sentimentalisme. Le problème social n'en comporte point : c'est, pour chacun de nous, une question de « ventre ». Le mot est de l'Anglais Stephens (1).

Vandervelde (2) définit la même idée : le *panem et circenses* moderne. D'autre part, Jules Guesde écrivait en 1881 : « S'il ne nous faut dans nos rangs que des dé« sintéressements, il ne nous reste qu'à licencier *notre* « *parti* qui *ne repose que sur des intérêts à satisfaire*, « qui *se vante d'être le parti du ventre* et ne fait appel

(1) MARX et ENGELS. — *Le Manifeste communiste*, tome II (Commentaire, traduction d'Andler), page 200.

(2) EMILE VANDERVELDE. — *Le Collectivisme et l'Evolution industrielle*, page 247.

« qu'à l'intérêt des prolétaires pour les jeter à l'as-
« saut de la propriété bourgeoise. »

Du moment qu'il s'agit d'une question de « ventre »
et uniquement d'une question de cet ordre, il importe
de la résoudre sans délai. Le ventre, en effet,
n'attend pas.

C'est dans ces conditions qu'il convient de demander à ceux qui préconisent la solution collectiviste
s'ils entendent, s'ils prétendent l'imposer, dès demain
matin au saut du lit, à toutes les populations de la
terre ?

Assurément non !

Nous Français, par exemple, ne pouvons entrevoir
et admettre raisonnablement qu'une seule expérience
communiste à brève échéance : celle à mettre à l'é-
preuve dans notre pays qui, par suite de ses révolu-
tions successives, semble — si l'on veut — plus
désigné, plus préparé, plus approprié que les autres
pour une tentative de ce genre.

Sur le champ, l'évidence s'impose qu'un pareil essai
devrait aussitôt se plier avec infiniment de souplesse
à nos besoins propres, à nos facultés spéciales, à notre
cérébralité ethnique. A l'instar, en effet, des individus,
les peuples ont leur tempérament national, issu de tous

les instincts et de toutes les propensions de la race : et il est indispensable d'en tenir compte.

En France, le socialisme sera français, ou il ne sera pas !

Or, Charles Andler, dans le Commentaire (1) du *Manifeste communiste*, nous dit que l'ancien socialisme français, le socialisme individualiste, ne signifie rien, à ses yeux. Pour lui, compte seul le collectivisme allemand, défini par Marx et Engels, et constitue seul le véritable socialisme. Andler précise ainsi : « Le com-« munisme est une rupture radicale avec les idées « traditionnelles. »

Aujourd'hui, Guesde et Jaurès tiennent le même langage et tout le parti « unifié », ou soi-disant tel, avec eux.

Dès l'abord, il apparaît singulier qu'un cerveau allemand, à l'exclusion de tout autre, ait pu déterminer ce qui convient parfaitement au tempérament français. Mais, l'objection en elle-même est peu grave, parce que personnelle et, partant, superficielle. Allons d'un coup jusqu'au fond des choses !

(1) *Le Manifeste communiste*, tome II (Commentaire), page 177.

Quelle est la pierre angulaire du collectivisme, autrement dit du socialisme allemand ?

— La discipline.

— La discipline ? Eh ! bien, celle-ci, telle qu'on la conçoit au-delà du Rhin, peut correspondre à une mentalité allemande, saturée de féodalisme : elle se trouve en opposition flagrante avec notre complexion à nous, fils de 1789.

En voici la preuve :

En Allemagne, la discipline ne pèse pas à l'individu, elle est plutôt un besoin chez lui. Le Germain n'a pas d'initiative personnelle, il aime se laisser guider. Sa passivité naturelle exige une impulsion d'en haut.

En France, il en va tout autrement. Le Français abhorre la sujétion. Il se ploie malaisément à une discipline et essaie toujours de l'enfreindre dès que sa conscience la discute. Actif autant que l'Allemand est passif, enthousiaste quand celui-ci reste froid, il sacrifiera tout à un idéal, rien à une subordination. Le Français demeure soumis par espoir de récompense, l'Allemand par crainte de punition.

Il suffit de passer la frontière et de regarder autour de soi pour se rendre compte de l'insigne différence psychologique qui existe entre Français et Allemands.

En Allemagne, on obéit parce que c'est l'ordre ; en France, parce que c'est le devoir. L'ordre ne se poétise jamais, le devoir s'idéalise toujours.

La discipline allemande est une discipline de caserne.

La discipline française est une discipline de couvent.

Le collectivisme pourrait fonctionner militairement en Allemagne. On l'y imposerait : tout serait dit. Là-bas, la masse s'inquiéterait peu, si ce n'est point, de la complexité des problèmes soulevés par la tentative communiste. Aux dirigeants, aux gouvernants de faire mouvoir la machine !

Mais il ne saurait fonctionner identiquement chez nous. Le casernisme de Marx n'est pas viable dans notre pays, parce que *casernisme*.

En France, le collectivisme ne serait possible que sous une forme conventuelle. L'obéissance exigée y comporterait l'expectative d'un dédommagement matériel ou moral. Celui-ci, naturellement, ne devrait plus se concrétiser en un paradis archaïque ; il faudrait donc à tout prix, à la promesse de vie éternelle bienheureuse, substituer l'espérance d'un paradis nouveau, d'un paradis terrestre et tangible, dont chacun jouirait dès qu'en France viendrait d'éclore la société collectiviste.

Que ce paradis sur la terre ne pût être fondé par les thaumaturges de l'unification, aussitôt le Français se détournerait du communisme, afin de chercher ailleurs une satisfaction introuvable pour lui de ce côté-là. Or, l'instabilité est le pire vice rédhibitoire d'un système.

Supposons, cependant, que les architectes du couvent collectiviste fournissent, aujourd'hui, l'équivalent temporel de la compensation spirituelle qui, jadis, donna quelque fixité, chez nous, au communisme moyenâgeux...

Ce système conventuel, rénové dans le positivisme, en serait-il plus stable ?

Non ! il le serait même moins ; car le communisme français ne connut, au moyen-âge, une durée relative qu'en plaçant ses adeptes, grâce à une certaine continence, en dehors des conditions normales de la vie.

Mais, à l'heure actuelle, le cénobitisme de nos « unifiés », dérivé du casernisme de Marx, n'aurait pas — imaginons-nous — en dépit des prédications malthusiennes que l'on sait, la prétention d'édicter en France une règle stricte de continence générale et, par ce fait, de procéder, délibérément, au suicide social ? Demain, le couvent collectiviste abriterait donc, de toute nécessité, l'intime fusion des sexes.

De sorte que les problèmes courants de l'existence d'aujourd'hui resteraient entiers : entretien de la femme, mariée ou non, peu importe ; éducation des enfants ; assistance des parents envers les enfants mineurs, et de ceux-ci, devenus grands, envers leurs parents devenus vieux, etc., etc.

A ceci l'on répond : l'Etat-providence pourvoira à tout.

Mais, alors, l'Etat-collectiviste assumera, sur le champ, toutes les charges de la société actuelle. Pour y parer, il sera, au préalable, obligé de s'organiser lui-même, de fonctionner, de vivre.

Et comment ?

Chaque individu fournira sa quote-part de travail : voilà la base..., base sur laquelle l'Etat ne peut transiger, puisqu'elle est pour lui une question de vie ou de mort.

L'hypothèse que tout le monde travaille d'une façon *effective* est acceptée par nous, momentanément bien entendu et sous bénéfice d'inventaire. Que s'ensuit-il ?

Pour s'assurer de chaque redevance individuelle de

travail, l'Etat la fait contrôler. Dans ce but, il recourt à des hommes doués d'aptitudes spéciales, en leur déléguant la parcelle d'autorité qui leur permettra d'imposer à tous le respect de la discipline collectiviste.

Or, le bon fonctionnement d'un pareil contrôle comporte l'exercice d'une autorité supérieure qui peut, indifféremment, se présenter sous l'aspect d'une assemblée souveraine, d'un comité suprême ou encore d'une dictature unipersonnelle, puisque Karl Marx (1) a prévu ce dernier cas et prétend même que, tout au moins pendant la première phase d'une expérience collectiviste, l'énergie dictatoriale d'un seul individu remplacerait avantageusement toute autre direction.

Le révolutionnaire Garibaldi (2) s'est d'ailleurs ren-

(1) Rapprocher de cette idée de Karl Marx l'apparition, en 1852, de l'ouvrage de PROUDHON ayant pour titre : *La Révolution sociale démontrée par le Coup d'Etat de 1851.*

(2) « Quand une nation veut s'affranchir, la vieille habitude « des Comités, des commissions et des parlements fait surgir « une foule d'aspirants à la direction de la chose publique. « Aussi la minorité est-elle toujours bonne ou passable, « tandis que la majorité est détestable ; et le peu d'éléments « de progrès qu'on trouve dans une assemblée demeure annihilé. « Pourquoi ne pas élire par voie de plébiscite *un seul honnête* « *homme* chargé de gouverner la nation ? N'est-il pas plus « facile d'en trouver un que cinq cents ?.... Essayez de ce

contré avec Marx sur l'excellence de l'homme unique.

Mais, quel que soit le mode gouvernemental destiné à rallier les préférences, le choix s'arrêterait forcément sur l'un des trois systèmes spécifiés ci-dessus.

Eh ! bien, nonobstant les variations de forme et les diversités d'appellations dont ils sont susceptibles, ces trois systèmes demeurent éternellement identiques à eux-mêmes ; car, le mot ne modifie en rien la chose, ni l'aspect en rien la nature : l'assemblée souveraine, c'est toujours le *parlementarisme* ; le Comité suprême (1), toujours le *directoire* ou le consulat ; le délégué unique, toujours le *césarisme*.

C'est dire que le collectivisme — tout en revêtant la forme conventuelle, afin de s'implanter à bref délai en France, où le casernisme allemand de Marx est par avance frappé de stérilité — le collectivisme, répétons-nous, n'apparaît point, même en matière poli-

« système et vous serez débarrassés de ce byzantinisme, de
« cette foule de bavards qui assourdissent le monde et font
« de l'Europe une tour de Babel. » — GARIBALDI.

(1) La République de Venise possédait un Comité suprême qui se nommait le Conseil des Dix, resté fameux pour sa tyrannie notoire entre toutes, parce qu'impersonnelle et irresponsable. (N. de l'A.).

tique, supérieur à l'un quelconque des régimes si souvent expérimentés en tous lieux et à toutes les époques. Il ne ferait que les rééditer : très médiocrement du reste, puisqu'il conserverait et fortifierait le parasitisme gouvernemental.

Il est vrai que ce parasitisme, inhérent à toutes les sociétés, est le moins dangereux et le moins coûteux. Son danger et sa cherté ne doivent, en réalité, entrer en ligne de compte qu'aussitôt où, manquant à son rôle qui est de bâillonner et de paralyser le parasitisme économique, le gouvernement lâche les brides à celui-ci et devient son truchement et parfois son esclave.

Sous un régime collectiviste, le pouvoir central serait-il, à son tour, un instrument d'oppression ploutocratique ?

Voilà le seul point demeuré obscur.

Quant au reste, il apparaît surabondamment démontré que le collectivisme, même s'il était un instrument de progrès, n'apporterait une solution ni prompte, ni durable à la question du « ventre » — qui condense, en soi, le problème social ou, si l'on veut, les problèmes sociaux.

Et maintenant : « Instrument d'oppression ploutocratique », tout au moins instrument de parasitisme économique ?... Le collectivisme l'est, peut-être, encore plus qu'aucun des régimes qui se sont succédés depuis 1789. C'est ce que nous verrons plus loin.

Dès lors, il importe de ne pas se cantonner exclusivement sur le terrain objectif. Pénétrant jusqu'au plus intime des causes qui motivent, à cette heure, l'antagonisme entre bourgeois et prolétaires, il faut examiner si le collectivisme les ferait disparaître.

Pour cela, il est essentiel de se placer sur le terrain subjectif et, conséquemment, d'étudier le collectivisme dans ses moindres ramifications et dans ses résultantes les plus diverses. Ce n'est possible qu'en présupposant le collectivisme établi, soit par la persuasion, soit par la force, n'importe, mais tel qu'il fonctionnerait d'après la propre formule de ses propagandistes contemporains.

XII

L'INÉGALITÉ DES CONDITIONS

Pour que le collectivisme fût réellement un instrument de progrès, il faudrait qu'à l'encontre du système qui régit la société présente où subsistent des classes, il opérât, lui, l'unification matérielle et morale du pays.

Il n'y a, en effet, qu'un moyen de mettre fin à l'antagonisme des bourgeois et des prolétaires, c'est de les fondre en une seule classe où chacun jouirait de facultés matérielles équivalant à celles de n'importe quel autre.

De prime abord, aux yeux d'un observateur superficiel, le collectivisme semble atteindre ce but. Il n'en est rien pour qui raisonne et va jusqu'au fond des choses.

Assurément l'instauration d'un régime collectiviste paraît, en principe, placer au même rang ou ramener au même niveau celui qui possède et celui qui ne possède pas, puisque tout le monde est uniformément exproprié par l'Etat. Avec le collectivisme, il ne se rencontre plus, en théorie, qu'une seule classe, puisqu'il y a absorption de la classe bourgeoise par la classe prolétarienne. C'est, pour tous, l'égalité dans la spoliation !...

Car, il importe de ne pas jouer sur les mots : ou le collectivisme n'entraîne pas la suppression (1) intégrale de la propriété individuelle et, dès lors, il ne signifie plus rien et ne mérite même pas d'être discuté ; ou il se base exclusivement sur la suppression complète de cette propriété, et il convient d'examiner cette suppression dans toutes ses conséquences.

Retenons d'abord cette définition : « La propriété individuelle est pour chacun la libre disposition du produit de son travail, de son effort, de ses facultés. Dès qu'une intervention étrangère (abus de force particulier, main-mise de l'Etat, etc.) empêche l'individu de disposer librement de ce produit, la propriété n'est plus ». Puis, par rapprochement, soulignons ce fait :

(1) Répétons cet énoncé « Les communistes ont le droit de « résumer leur théorie dans cette formule : abolition de la « propriété privée. » (MARX et ENGELS. — *Manifeste communiste*, page 42, § 36).

le collectivisme, sous peine de ne pas être, comporterait une classe unique d'individus où nul ne pourrait dire : « Telle chose est à moi, m'appartient en propre ; « je suis libre d'en faire ce qu'il me plaît ».

Ceci posé, qu'une société se trouve tout à coup fondée sur l'expropriation générale ; qu'aucun capital, si mobile soit-il, n'ait pu échapper à la loi commune ; que nulle charge même ne grève l'Etat collectiviste du fait des indemnités que d'aucuns veulent allouer aux propriétaires actuels : qu'arrivera-t-il ?

Le collectivisme fonctionne en imposant à chacun une redevance de travail.

Or, ce travail devra être exécuté dans un délai imparti et remplir des qualités de façonnage déterminées, sous peine de ne pouvoir constituer un produit interchangeable, correspondant à la valeur de la « monnaie-travail » qui le rémunérera. De là des obligations strictes pour l'individu. D'où, *suppression de la liberté* !

Qui appréciera si le travail répond aux conditions requises ?... Le contrôleur d'Etat. Contrôle implique subordination. Le contrôleur et le contrôlé, demain, ne seront pas plus égaux qu'aujourd'hui ne le sont le contremaître et l'ouvrier, très probablement beaucoup moins encore. D'où, *suppression de l'égalité.*

Entre le contrôleur, qui accepte ou refuse un travail plus ou moins irréprochable, et le contrôlé, qui affirme livrer celui-ci sans malfaçon ni retard, la mésintelligence est fatale. D'où, *suppression de la fraternité.*

L'antagonisme qui, dans la société collectiviste, surgit entre deux individus se répète à l'infini. Il faudra départager les rivaux : une magistrature nouveau-style est nécessaire. Des conseillers seront indispensables pour éclairer et défendre les parties adverses : voici le retour des avocats et des avoués. Les décisions de justice devront être enregistrées : arrivent maintenant les greffiers. Que les intéressés refusent de s'incliner devant l'arrêt rendu, l'Etat est obligé de sévir : la police réapparaît. Et, comme tout se tient, c'est la résurrection de toutes les carrières dites libérales dont les professionnels conserveront les mains blanches, tandis que l'ouvrier des villes et le cultivateur garderont les mains calleuses.

Oh ! l'on pourra, sous un régime collectiviste, décorer les magistrats, les avocats, les avoués, les greffiers, les policiers, ainsi que leurs pareils, d'appellations nouvelles : cela ne fera qu'enrichir le vocabulaire. Le nom sera changé, la fonction subsistera.

Tous les titulaires de postes « bourgeois » se sustenteront aux dépens de la masse, à l'exemple des membres de l'Assemblée souveraine, ou des délégués au Conseil suprême, voire même du Dictateur,... sans parler de l'innombrable personnel ressortissant de l'Administration centrale, régionale et locale !

Telle est — ô ironie ! — la première étape de l'indispensable unification matérielle et morale de la nation.

La société de demain sera, en outre, obligée de compter avec les invalides, les femmes non productrices de travail manuel, les vieillards, les enfants, les malades à qui feront cortège les médecins, les chirurgiens, les pharmaciens, les sages-femmes, les infirmiers, etc.

Et il y aura encore des bureaux de toute sorte, des postes, des téléphones, des télégraphes, des chemins de fer, des bateaux, etc. Que de gens immobilisés dans ces services !

Les arts, les sciences et les lettres ne sauraient être abolis : ils nécessiteront le maintien des académies, des universités, des lycées, des collèges, des écoles, des journaux, des théâtres ; l'on verra toujours des acteurs, des écrivains, des professeurs, des instituteurs, des inventeurs, des directeurs d'usine, etc., etc.

N'oublions pas, non plus, que les produits manu-facturés, comme les produits agricoles, ne pourront s'interchanger sur l'heure. On les emmagasinera dans des entrepôts, aux succursales innombrables puisqu'il en faudra jusque dans les moindres bourgades. Les entrepositaires d'Etat remplaceront ainsi les commer-çants d'aujourd'hui. Aucun risque à courir par ces « remplaçants », aucune faillite à craindre ! même s'ils ne remplissent pas leurs fonctions avec conscience. Ces entrepositaires, à leur tour, auront la vie assurée aux dépens de la production directe. Ils seront fata-lement les premiers servis, les mieux servis, pour ne pas dire les plus abondamment servis.

Voilà qui multipliera sérieusement « le *quantum* nécessaire à la vie sociale » dont parle Vandervelde ; voilà qui grèvera lourdement la fameuse plus-value du travail manuel ; voilà qui favorisera étrangement l'apparition d'un parasitisme nouveau.

Et, par dessus le marché, tout n'ira pas « comme sur des roulettes », suivant le mot vulgaire. Les abus ne seront pas moindres, ni plus rares que ceux d'aujour-d'hui. Un million d'hypothèses seraient à examiner dans cet ordre d'idées. En voici une, une seule, la plus simple :

Que mon travail à moi, ouvrier d'usine, soit refusé par le contrôleur d'Etat — se trouvant même dans son droit, ayant absolument raison de ne pas l'accepter : qu'en découlera-t-il ?

On ne me délivre pas la rémunération de mon travail : monnaie-travail ou heure-travail.

Mais, j'ai faim. A qui m'adresser ?... Aux voisins ? Ils sont aussi dépourvus, partant aussi nécessiteux que moi.

Je sollicite un secours immédiat de l'ad-mi-nis-tra-ti-on collectiviste. Si on me l'accorde, c'est la résurrection du « bureau de bienfaisance » ; désormais, si valide que je sois, je préférerai frapper à cette porte complaisante, plutôt qu'à celle, trop maussade, du contrôleur du travail : me voici devenu parasite, parasite d'en bas, c'est entendu, mais parasite tout de même. Par contre, si l'Etat ne me consent qu'une avance à restituer sur mon travail futur, c'est la réapparition du « mont-de-piété », envers lequel je prends certains engagements : alors, me voici serf. Enfin, si l'on me refuse toute avance, je suis condamné à mourir de faim puisqu'il m'est impossible d'offrir ailleurs mes services et d'escompter une autre rémunération. L'Etat ayant aboli toute concurrence, je me trouve dans l'obligation de passer sous les fourches caudines de mon unique employeur : me voici esclave.

Et ça ne fait que commencer !

Un fervent, mais candide syndicaliste, qui croit dur comme fer aux vertus de la gélatine collectiviste, me souffle : « Demain, si les travailleurs sont lésés, « le syndicat professionnel sera là pour les défendre ».

O naïveté !

De deux choses l'une : ou ce syndicat observera la stricte discipline collectiviste, ou il ne l'observera pas.

S'il l'observe, il donnera raison à l'Etat contre moi.

S'il ne l'observe point, il sera dissous brutalement et brisé à tout jamais.

Sous un régime collectiviste, en effet, les lois seront nécessairement draconiennes. Pas de gradation pénale, ou presque pas ! La moindre vétille individuelle entraînera une répression rigoureuse. C'est alors qu'il ne faudra parler ni de sabotage, ni de grève !... A plus forte raison, l'Etat ne saurait-il admettre qu'un groupement quelconque essayât de contrecarrer l'autorité centrale : car, ceci provoquerait le déclanchement de tout le système communiste.

Un syndicat s'insurgerait-il ? Ce serait l'anarchie ! Or, plus que tout autre régime social, le collectivisme a besoin d'*archie* et, par conséquent, de hiérarchie.

Qu'il s'agisse notamment du syndicat des préposés à la paix publique, autrement dit des agents de police : aussitôt apparaîtrait le prétorianisme, comme à l'époque de la décadence romaine.

C'est pourquoi, le jour de l'avènement du collectivisme, les syndicats professionnels auront vécu. L'étatisme est le pire ennemi du syndicalisme.

Pour qu'en société communiste, le syndicalisme fût à même de défendre l'individu contre l'omnipotence, tranchons le mot, contre la tyrannie de l'Etat, il faudrait qu'il en eût les moyens matériels, c'est-à-dire que chaque corporation restât détentrice d'une *part* collective du fonds national socialisé. Mais, pour que l'individu lui-même ne risquât point de tomber sous l'oppression subséquente d'un syndicat oligarchique, il faudrait qu'il demeurât personnellement le maître d'une *part* de la propre part collective dévolue à sa corporation.

Ce morcellement : c'est la base de la théorie des

« partageux », fils du socialisme français de 1848 et de 1871 ; c'est la mise en vigueur de la doctrine individualiste dont l'acceptation implique la condamnation même du collectivisme.

L'individualisme peut, à la vérité, effectuer l'unification matérielle et morale de la société ; le collectivisme ne le peut pas, ne le pourra jamais.

XIII

LES SALAIRES

D'ores et déjà, le collectivisme se montre sous l'aspect d'une théorie foncièrement « conservatrice » dans le plus mauvais sens du mot, puisqu'il *conserverait*, maintiendrait, perpétuerait, fortifierait, décuplerait les abus dont, à présent, se plaint à juste titre la masse des prolétaires.

Le collectivisme n'est pas que cela, il apparaît pire encore : c'est-à-dire une doctrine essentiellement rétrograde, éminemment *réactionnaire ;* car, il tend à faire régresser l'humanité. Il nous ramène et nous cadenasse dans le cercle vicieux et vicié où la Révolution de 89 avait fait une brèche par laquelle, il y a plus d'un siècle, aurait dû s'évader la société régénérée, par laquelle il serait temps qu'elle sortît, enfin, pour marcher délibérément vers le phare de la civilisation plus complète et plus harmonieuse.

Au lendemain du congrès de Stuttgard, en 1898, le socialiste allemand Bernstein (1) écrivait lui-même : « Par cette théorie (collectiviste) les hommes devien- « nent les agents vivants d'une force historique « aveugle, dont ils exécutent l'œuvre malgré eux et « sans savoir ce qu'ils font ».

Le bien-fondé de cette conjecture est établi par la question des salaires au dedans, et par celles des relations commerciales, industrielles et autres — toutes inéludables — avec le dehors.

Pas plus qu'aujourd'hui le travail ne serait, en société collectiviste, rémunéré suivant l'effort réel de chacun.

L' « heure-travail », proposée par certains comme base de rétribution, semble équitable à première vue, puisqu'un individu serait payé d'après le nombre d'heures consacrées par lui à la fabrication d'un objet. Mais ceux qui préconisent cette base oublient que trois facteurs essentiels concourent à l'estimation d'un

(1) BERNSTEIN. — *Les suppositions du Socialisme et la Tâche de la Démocratie socialiste.*

produit manufacturé : la matière première, le façonnage, le temps passé à la fabrication.

Deux individus inégalement habiles ne mettront pas le même temps pour fabriquer un objet à matière première identique et à façonnage égal. Si l'un et l'autre sont payés avec des bons « heure-travail », il en résultera que — le premier ayant employé, par exemple, deux heures et le second trois à exécuter un travail équivalent — le dernier, moins expert cependant que l'autre, recevra un salaire d'un tiers supérieur au sien. En présence d'une aussi criante... anomalie, que fera le premier ? Dorénavant, il prolongera son labeur de façon à être rémunéré au moins autant, sinon plus, que le voisin. Ce sera bientôt à qui fera durer sa tâche le plus long temps possible : d'où diminution constante dans la production et perte sèche de plus en plus considérable pour la collectivité.

Multipliez le procédé, introduisez-le dans tous les domaines de l'activité sociale : la rétribution au moyen de l' « heure-travail » devient impossible. Ce serait le suicide collectif.

Si, au contraire, la rémunération est fixée d'après la quantité produite, sans qu'il soit tenu compte du temps employé par chacun à la fabrication, aussitôt l'habileté de l'individu entre en ligne de compte. Un tel, qui façonne plus vite et aussi expertement que tel autre, mettra à peine, pour fabriquer trois ou quatre objets, le même temps que celui-ci pour en produire deux, par exemple. La gradation des situations découle de cette inéquipollence professionnelle : l'un gagnera largement sa vie, tandis que l'autre aura peine à « joindre les deux bouts » ; ou encore le premier fera une journée de travail très brève, tandis que le second la fera très longue. Dans un cas comme dans l'autre, il n'y aura rien de changé comparativement à aujourd'hui, si ce n'est un amoindrissement notable de la liberté individuelle dont la suppression totale ne saurait, dès lors, tarder.

En dehors donc de l'inégalité des conditions résultant déjà de la création ou du maintien, si l'on préfère, d'innombrables emplois d'administration proprement dite, en faveur d'une catégorie de privilégiés : une autre hiérarchie se reformera par la mise en jeu des talents et des capacités de chacun. A coup sûr, renaîtrait une classe de parias, analogue à celle des ilotes à Sparte.

Les uns auront « la vie large », ce seront les néo-bourgeois ; les autres l'auront difficile, épouvantable même, ce seront les prolétaires de toujours.

En quoi aura-t-on modifié l'état de choses présent ?
En rien, car les charges générales de la société de demain équivaudront : bien plus, surpasseront celles de la société actuelle.

Cependant les pontifes du collectivisme affirment qu'une amélioration considérable résulterait, malgré tout, de la disparition de l'accumulation capitaliste avec son cortège de rentes de toute origine et de revenus de toute espèce.

Dans cet ordre d'idées, Schaeffle a écrit (1) :

« Le principe socialiste est opposé non seulement
« au maintien de la propriété individuelle des moyens
« de production privés directement exploités, c'est-à-
« dire des entreprises privées (affaires individuelles,
« sociétés par actions et autres associations de capi-
« taux privés), mais encore de la propriété individuelle
« des sources indirectes des revenus, c'est-à-dire de
« tout le système actuel de crédit, de prêt, de loyers
« et de fermage.

« Le crédit d'Etat et le crédit privé, les capitaux
« de prêt en général sont incompatibles avec l'Etat

(1) A.-E. SCHAEFFLE. — *La Quintessence du Socialisme* (traduction de *Benoît Malon*), page 58, édition de 1904 de la Bibliothèque socialiste.

« socialiste. Et, en effet, le socialisme prétend sup-
« primer radicalement les dettes d'Etat et les dettes
« privées, le système des loyers et des fermages, et
« toutes les valeurs de Bourse existantes. *Tout au plus*
« *consentira-t-il à racheter ces titres au prix d'un certain*
« *nombre de parts de consommation* ».

En résumé : la socialisation des moyens de production et d'échange allégerait la société du lourd fardeau
que constituent les intérêts à payer aux capitaux jusqu'ici accumulés et empêcherait de se produire une
nouvelle accumulation.

Malheureusement, c'est absolument faux.

Prenons, en effet, les choses *ab ovo*, à leur point de
départ.

Que seront les « bons de travail », les « bons de consommation » si l'on préfère, avec lesquels on ne pourra
désormais que consommer et jamais capitaliser puisqu'ils demeureraient improductifs de revenu ?

Ces bons seront du papier-monnaie (1), dont la dé-
nomination importe peu. Billets nécessairement au
porteur, ils comporteront des coupures de valeur

(1) Pourquoi des coupures de papier, au lieu de jetons
métalliques dont l'usure serait moindre ? ? ? (N. de l'A.).

différente, tels les billets de banque, aujourd'hui, ou les assignats, jadis, avec cette innovation qu'il en sera mis en circulation pour les valeurs les plus infimes.

Moi, travailleur, à qui ces billets devront permettre d'accéder au bien-être, suivant mon tempérament particulier et mes goûts personnels : je les utiliserai pour acquérir telle chose à ma convenance et que dédaignera le voisin. Selon le cas, certaine satisfaction immédiate me paraîtra exquise tandis qu'un autre en fera fi. A mes heures de loisir, je m'adonnerai aux sports, à la littérature, à la musique, aux voyages, voire à collectionner les objets les plus divers..., que sais-je encore ? Je dépenserai au fur et à mesure tous mes bons de consommation, alors que le voisin les économisera, les épargnera, les mettra de côté, les affectera à une destination différente, les accumulera en vue d'une satisfaction éloignée, plus intense ou plus vaste.

Qu'un jour il m'advienne de n'avoir plus, par devers moi, le moindre bon de consommation — au moment précis où le contrôleur du travail n'accepte pas ma tâche sous un prétexte quelconque, et où l'Etat lui-même me refuse toute assistance parce que mon débit d'avances se trouverait, par exemple, trop surchargé (1) — immédiatement, je penserai au voisin économe et recourrai à son obligeance.

Une loi sévère interdira le prêt, c'est entendu : comme aujourd'hui une loi interdit l'usure. Et puis après ? Plus les sanctions seront rigoureuses, et fortes les pénalités, plus mon voisin charitable sera fondé à se montrer exigeant lorsque je solliciterai son aide.

N'ayant pas de quoi manger, je serai trop heureux d'accepter toutes ses conditions. Pour un bon de consommation prêté, j'en promettrai deux, trois, plus encore s'il le faut ; et je rembourserai à échéance : car, je serai enchanté de retrouver le même crédit en cas de besoin.

Ainsi, l'usure réapparaît ; et, contre elle, le Code pénal de la société collectiviste ne peut rien, comme il demeure, au surplus, tout aussi impuissant à l'égard du fainéant incorrigible qui s'ingénierait à dérober, à subtiliser, à voler les bons de consommation acquis par un travailleur à la sueur de son front.

(1) Le 31 janvier 1849, Proudhon fondait « la Banque du Peuple », fonctionnant au moyen du *papier-crédit* qui permettait le Crédit gratuit aux ouvriers. En très peu de temps, la banque sombra : les uns oubliaient de rendre, les autres, toujours gênés, ne pouvaient rendre. L'actif n'étant pas productif d'intérêt, le passif s'accrut d'autant et amena la banqueroute.

Dès lors, le parasitisme refleurit, c'est-à-dire l'accumulation capitaliste qu'on croyait morte ; et sa renaissance sous cette forme semble relativement anodine en comparaison de certaines autres, excessivement dangereuses, qui seront signalées plus loin.

Mais, d'ores et déjà, un dilemne se pose :

Ou les détenteurs actuels de la propriété recevraient, demain, une compensation en bons de consommation, ou ils ne la recevraient pas.

Si, comme le fait supposer Schaeffle, on leur en accorde une, afin d'empêcher tout au moins l'exode des capitaux instantanément volatilisables (dont l'émigration — en ce qui concerne les relations commerciales, industrielles et autres avec l'Extérieur — porterait un coup mortel au nouveau régime) : que s'ensuit-il ?

Pendant plusieurs générations, ces capitalistes dernier bateau vivraient, sans rien produire, aux dépens de la masse. Par dessus le marché, ils seraient on ne peut mieux outillés pour pratiquer l'usure sur une vaste échelle, d'après l'infime spécimen indiqué plus haut. Donc, ils pourraient accumuler et *perpétuer* l'accumulation, ce qui est pire.

Si, au contraire, des moyens de consommation ne

sont pas mis à la disposition des détenteurs actuels de propriété : étant donné qu'une partie de nos fonds d'Etat, des biens meubles et immeubles de la France se trouve dans la main des étrangers, qu'arrive-t-il ?

Le jour même de la spoliation, une invasion écrasera dans l'œuf et anéantira notre essai collectiviste.

Un sociologue (1), dont M. Rouanet et, partant, M. Jules Guesde ne sauraient méconnaître ni la valeur, ni la profondeur de vues, a écrit :

« Il en sera des illusions de Jules Guesde et de ses
« disciples comme des proclamations adressées aux
« Allemands (en 1870) par Louis Blanc et Victor
« Hugo, au moment où commençait le siège de Paris.
« Après avoir revu avec soin ces pages ronflantes, et
« s'être assurés qu'on les répandrait à profusion dans
« le camp ennemi, les auteurs allèrent se coucher et le
« lendemain ils dirent à leur bonne : — Les Prussiens
« sont-ils partis ? — Non, Monsieur, pas encore. —
« Pas possible ! Après ce que nous avons écrit !... »

MM. Jaurès et Guesde auraient-ils la prétention d'être plus écoutés, demain, que ne le furent, hier, Louis Blanc et Victor Hugo ?

(1) Edouard Drumont. — *La Fin d'un Monde*, page 163.

Que, par suite d'une tentative collectiviste chez nous, des légions de kaiserlichs

> ... Furieux comme le flot qui monte
> Et nombreux comme les épis,

nous assaillent et nous envahissent : est-il raisonnable d'escompter sérieusement l'effet à produire sur ces hordes par quelques proclamations délirantes et ampoulées ?

Non !... Et, pour ma part, je ne me représente que difficilement M. Hervé jouant avec avantage les « Sainte Geneviève » en face d'Attila.

XIV

LE COLLECTIVISME ET L'ÉTRANGER

Eloignons encore quelque peu l'hypothèse du « paradis terrestre » brutalement fermé par une invasion des Barbares...

Nous sommes dans le rêve, restons-y !

Admettons que l'Etranger nous laisse procéder paisiblement à notre tentative collectiviste.

Que les bâtisseurs de systèmes nous disent, alors, comment ils opéreront à la campagne pour y réaliser la socialisation des moyens de production ; car, si les travailleurs des villes sont nombreux et, prolétaires urbains, ont droit à la « justice sociale », les travailleurs des champs sont plus nombreux encore et, prolétaires ruraux, y ont un droit équivalent.

Oui, camarades collectivistes, comment établirez-vous la division du travail dans le monde agricole, et comment ferez-vous la répartition des bons de consommation, cela au prorata du travail accompli ?

Le travail des champs, lui, ne peut se mesurer à la production : un paysan peine, une année durant, sans savoir quel sera le fruit de son labeur ; la récolte demeure toujours à la merci du mauvais temps, de la grêle, de la gelée, que sais-je encore ? Il ne vous sera donc loisible de rémunérer la culture que d'après le nombre d'heures de travail fournies par l'individu.

Vous devrez, aussitôt, instituer des surveillants agricoles presque aussi nombreux que les cultivateurs eux-mêmes, sous peine de retomber — par l'atrophie du stimulant individuel — aux piteux résultats de la tentative icarienne (1) de 1848, par exemple.

Où les prendrez-vous, ces surveillants ?...

Et une autre question surgit : Si le terrain où travaille le laboureur ne lui plaît pas, celui-ci sera-t-il libre d'en changer ou restera-t-il attaché à la glèbe ?

Ce n'est pas tout : que la récolte soit nulle, qu'une disette se produise, laisserez-vous mourir de faim les travailleurs des villes et les travailleurs des champs ? Non ! la guerre civile éclaterait, plus atroce que la guerre étrangère.

(1) Se reporter au chapitre VII de ce livre.

Pour parer alors aux difficultés de l'heure, vous songerez aussitôt à importer du dehors les denrées nécessaires.

Nous touchons aux difficultés insurmontables.

Avec quelle monnaie effectuerez-vous vos achats à l'Extérieur ?

L'Etranger, c'est évident, n'acceptera que de la monnaie métallique, de la bonne monnaie sonnante et trébuchante.

Pourtant, plongeons-nous jusqu'au cou dans l'absurde et présumons le contraire. Donc, contre toute vraisemblance, l'Etranger reçoit dans ses caisses les « bons de consommation » de la société collectiviste, naturellement sous la réserve expresse de nous les repasser,... en nous achetant les produits divers qu'il trouvera à meilleur compte chez nous que chez lui.

Par le fait même que les bons de consommation seraient acceptés au dehors : nos nationaux, n'est-il pas vrai ? pourraient, individuellement, à leur tour, les y écouler.

Ils s'empresseraient de le faire, même à perte, en vue de placements productifs d'intérêts dont ils iraient jouir, hors frontières, quand l'occasion leur paraîtrait favorable. Ce serait l'émigration capitaliste sous une autre forme ; et celle-ci fournirait bientôt et à bon compte à l'Extérieur une somme formidable de bons de consommation, qu'il utiliserait à l'acquisition de nos seuls produits à meilleur marché, à l'exclusion de tous les autres.

Une fois le doigt pris dans l'engrenage, nous devenons tributaires de l'Etranger.

Au dehors, la cherté de la vie baisserait, tandis que s'élèverait d'autant, pour notre Etat collectiviste, le prix de revient, chez lui, de la nourriture et de l'entretien individuels. L'exode des bons de consommation s'accentuerait de jour en jour, jusqu'à complet asservissement économique de la société communiste..., à moins que l'Etat collectiviste ne se décidât à créer, en France, un fonds de rente qui offrirait des avantages au moins équivalents à ceux des fonds d'Etat extérieurs. Or, même sur ce terrain spécial du crédit public, serions-nous désormais en posture de lutter ? Est-ce que la confiance se commande, par hasard ?

Quoi qu'il en soit, comme le nouveau fonds d'Etat serait obligatoirement productif d'intérêts — ceux-ci gagés sur les industries et tous autres générateurs de ressources nationales — instantanément se produirait la désocialisation des moyens de production : ce seraient simultanément la résurrection du capitalisme, phénix unique, et l'ensevelissement du collectivisme, éternel mort-né.

Mais, l'Etranger — c'est certain — n'accepterait que de la monnaie métallique. Notre Etat collectiviste en aurait donc, de cette monnaie ; mais pour son usage exclusif à lui, Etat ! Il en interdirait le cours à l'intérieur du pays où, seuls, les bons de consommation seraient acceptés, cela sous peine de revenir toujours aux errements de l'accumulation capitaliste.

Or, une impossibilité s'oppose, sur l'heure, à ce dualisme monétaire.

On ne saurait, en effet, interdire le territoire aux étrangers, pas plus qu'on ne pourrait empêcher nos nationaux de se rendre au dehors. Dans ces conditions, comment racheter à ceux-ci et vendre à ceux-là les bons de consommation ?

L'Etat, dira-t-on, détiendrait le monopole du change, comme tous les autres monopoles, du reste. Il existerait donc un taux du change ? Qui empêcherait alors émigrants et immigrants de négocier directement entre eux, hors frontières, et cela au-dessous du cours ?

Grâce à cette sorte de libre-échange, la fameuse socialisation des moyens de production ne durerait pas six semaines.

Pour obvier à ce danger, que l'Etat recoure au protectionnisme : c'est son unique moyen ! Immédiatement, l'Etranger répond par une mesure identique, et c'est bientôt chez nous la misère et la guerre civile, à moins qu'il ne réponde par une mesure plus rigoureuse et plus vigoureuse, et c'est encore la guerre étrangère.

Cette menace permanente et inévitable d'hostilités écarte à elle seule le communisme ; car, elle ne permet pas de l'envisager comme une solution, attendu qu'une solution comporte une durée et que le communisme ne peut remplir cette condition première et *sine quâ non*.

Pour qu'une tentative collectiviste pût être sérieuse, il faudrait, comme l'espérait Platon, qu'elle fût universelle. Et encore il resterait à démontrer que l'imperfection de quelques êtres — parmi le milliard et demi d'individus essaimés sur la surface du globe — ne la ferait point échouer misérablement.

N'importe ! comme, pour l'instant, les trois quarts de l'Europe, au bas mot, et tout le restant du monde ignorent les beautés de la doctrine cristallisée par Karl Marx-le-Précurseur (?) : MM. Guesde, Jaurès et Hervé — qui savent que la « question du ventre » ne peut attendre 2.000 ans une solution — auront sans doute assez de raison pour se limiter, et dans le temps, et dans l'espace.

Beaucoup d'eau, en effet, « coulera sous le pont » avant que tous les habitants de la terre, depuis les Polynésiens jusqu'aux Islandais, en passant par les Patagons, les Afghans, les Chinois et les Abyssins, sans oublier les peuples les plus civilisés comme les Italiens, les Anglais, les Américains et les Suisses eux-mêmes, soient convertis à la nouvelle religion qui aurait pour pape-roi cette entité : l'Etat.

Par conséquent, il faut se borner !

En bornant l'expérience collectiviste, *ipso facto* Jules Guesde et Jaurès lui donnent des frontières. Du même coup, ils créent un pays comme les autres, mais qui peut s'appeler la France ; ils fondent une patrie spéciale, mais une patrie quand même, à laquelle sont passionnément attachés tous les collectivistes, puisque c'est, pour eux, la patrie-modèle, la patrie idéale, la meilleure, la plus parfaite, l'unique !...

Pensez donc : elle constitue désormais le champ d'expériences de la panacée collectiviste. Aussi M. Hervé, sans plus tarder, se sent-il, en face d'elle, devenir nationaliste et patriote plus que, devant l'autre, ne l'a jamais été M. Déroulède.

Ce n'est pas tout ! Cette patrie collectiviste va porter ombrage aux nations rétrogrades qui l'entourent. L'Etranger songera à profiter de sa faiblesse, résultant de son pacifisme mirifique, pour se jeter sur elle, se partager ses dépouilles et pulvériser l'édifice à peine fondé. Non ! non ! il faut barrer la route à l'envahisseur. Immédiatement, on se prépare à la défense. Une force organisée est nécessaire, une force armée, cela va sans dire, à qui incombera la tâche glorieuse de repousser les « suppôts du servilisme ». Toute la nation collectiviste est debout !

Comme on a rompu à tout jamais avec l'odieux militarisme d'autrefois, la nouvelle organisation défensive est dotée d'un autre nom : il n'y a plus d'armée, mais seulement des milices ; ce qui permet d'affirmer que plus personne n'est soldat.

Il est loin, le temps maudit où l'on faisait deux ans de service, trois ans, cinq et même sept ans, comme nos malheureux pères. Plus de galons et de panaches, désormais ! Le stock en est réservé aux contrôleurs du travail. Les délégués « civils » à la direction et au commandement des milices, des centuries et des décuries portent simplement — pour qu'on les puisse distinguer — un méchant petit insigne de rien du tout.

Nul n'en peut concevoir le moindre ombrage parmi les plus farouches antimilitaristes de la veille.

Hélas ! la menace étrangère subsiste, s'intensifie, se précise. Tous les hommes valides sont obligés de rester sous les armes. Indistinctement l'on est déclaré « bon pour le service », cela sa vie durant, depuis l'enfance jusqu'à la sénilité. Tenez ferme pour la patrie collectiviste ! Tenez ferme, de dix-huit à cinquante-cinq ans, ô vaillants internationalistes d'hier, devenus chauvins fougueux et militaristes — pardon ! — miliciens enragés !...

Et plus de « tire-au-flanc », citoyens ! Jadis, dans la société bourgeoise, un déserteur n'encourait que quelques mois de prison, avec la perspective d'une amnistie. Aujourd'hui, pour un *réactionnaire* de cette trempe, la peine de mort elle-même vous semblera trop douce.

Mais, cette mobilisation permanente est, aussi, une immobilisation. Les miliciens ne sauraient en même temps préparer la défense et se trouver à l'usine ou aux champs : on ne peut être à la fois « au four et au moulin ». Pourtant, il faut les nourrir, il faut sustenter des centaines de mille hommes ou plutôt des millions d'hommes, en même temps que parer aux besoins de tout le personnel attaché à l'administration (centrale,

régionale et locale), aux besoins des délégués gouver-
nementaux, aux besoins des contrôleurs du travail
dans les villes et dans les champs, aux besoins des
titulaires des postes libéraux, etc., etc. Il ne reste plus
pour produire qu'une minorité, et quelle minorité ?...
des invalides, des infirmes, des femmes, à qui l'on
impose non plus la journée de huit heures ou de dix
heures, mais l'enfer de tous les instants.

Et c'est cela qu'on nomme le paradis, le paradis
terrestre !

Bienheureux s'estimera-t-on encore aussi longtemps
que tout se bornera à une expectative alarmante,
jusqu'au moment où le conflit inévitable éclatera, où

... l'odeur des charniers qui crispe ma narine

nous prendra à la gorge sur des champs de bataille
où nous auront conduits : et le clairon Jaurès, que tout
prédestine à succéder à Lazare Carnot, et le stratège
Hervé, évidemment qualifié pour tenir le rôle d'un
Napoléon !

XV

LE PARASITISME

D'après ce que nous venons de voir : même si elle devait être bienfaisante, une expérience collectiviste ne serait pas possible. Trop de contingences inéluctables l'écraseraient au sortir de l'œuf.

Or, rien n'est moins démontré que son excellence intrinsèque, c'est-à-dire que son efficacité à détruire le parasitisme social.

Cela tient à ce que les collectivistes commettent une autre erreur, non moins grossière que les précédentes, quand ils affirment qu'il n'existe aujourd'hui que deux classes : la classe capitaliste et l'autre.

En réalité, la société contemporaine se compose de trois catégories d'individus, les suivantes :

1º La classe d'en-haut ou *parasitaire*, qui possède sans produire.

2º La classe *moyenne*, qui possède, mais travaille.

3º La classe *prolétarienne*, qui travaille sans posséder.

Englober les deux premières, les réunir sous l'appellation unique de classe *capitaliste*, c'est commettre une hérésie ; les combattre toutes les deux au même titre, c'est perpétrer une faute, pour ne pas dire un crime.

Il faut avoir la sincérité de le reconnaître : une tentative collectiviste frapperait surtout, autant dire exclusivement, les détenteurs de fortune non dissimulable, en général membres de la classe moyenne, bénéficiaires pour la plupart de valeurs ou de fonds immobiliers, industriels et commerciaux, et tous, sans exception, propriétaires d'un capital qui travaille ou permet de travailler.

Expropriés, ces *possédants moyens* tomberaient au rang des prolétaires actuels. Toutefois, ces derniers n'en tireraient aucun avantage, puisque leur sort, à eux — la preuve en a été fournie — resterait demain aussi triste que par le passé et s'aggraverait, se compliquerait d'un assujettissement irrémédiable.

A dater de ce jour, patron anonyme et irresponsable, l'Etat (dont le rôle normal est de nous servir et non de nous asservir) n'aurait fait que nous mettre sous le joug, les uns et les autres ; de sorte que la classe prolétarienne, loin de disparaître, aurait grandi d'un coup et se serait multipliée soudainement, grâce à l'adjonction, à l'afflux dans son sein de tous les spoliés de la classe moyenne.

Eh ! bien, moi ouvrier, je le déclare : Quelle « belle jambe » cela me fera-t-il d'apprendre que, demain le petit patron où je travaille, l'épicier du coin où je me fournis, le boulanger d'à côté où je prends mon pain, le propriétaire de la soupente où je loge, seront à l'avenir, s'ils ne le sont déjà, obligés comme moi de « serrer d'un cran leur ceinture » ?

Quel piteux soulagement à ma peine que d'en sentir, autour de moi, sourdre une équivalente chez tout le monde !... C'est alors que personne ne saurait plus compatir à mon adversité, chacun ayant désormais assez à faire pour son propre compte !

Oui, la jolie avance pour un prolétaire de se dire qu'au lieu d'être cinq cent mille individus, par exemple, à ne pas savoir quoi se mettre sous la dent, nous nous trouvons maintenant un million, deux millions, dix millions dans le même cas !

Quel progrès réaliserait cette égalité dans la misère ?

Quel avantage y a-t-il pour chacun à ce que, dorénavant, nul ne jouisse plus de la vie, puisqu'il en découle qu'on n'en jouira pas davantage soi-même ?

L'égalité dans la misère : je n'en veux à aucun prix. Ce qu'il me faut, c'est l'égalité dans le bien-être !

Le 6 novembre 1897, le socialiste Gabriel Deville disait à la tribune de la Chambre des Députés : « Il « faut faire disparaître la distinction entre la pro- « priété capitaliste et la propriété individuelle, *en* « *conservant la propriété à ceux qui l'ont et en la donnant* « *à ceux qui ne l'ont pas.* »

Voilà la thèse individualiste, dans la bouche même d'un ancien propagateur du collectivisme.

Voilà le moyen de réaliser l'égalité dans le bien-être et dans la liberté.

Mais, objectent les collectivistes actuels, groupés dans l'unification : « L'égalité absolue n'est pas conce-vable ! »

Parfait !... Que ceux qui, honnêtement, possèdent peu ou prou gardent donc ce qu'ils détiennent, à cette heure ; voilà qui ne m'importe guère, pourvu que moi et, avec moi, ceux qui me ressemblent, les gueux, les crève-la-faim, les sans-le-sou — travaillant sans relâche depuis le Premier-Janvier jusqu'à la Saint-Sylvestre — nous puissions acquérir cette amélioration à notre sort qui serait la résultante d'un pacte social plus équitable et d'une meilleure répartition des richesses.

Si, aujourd'hui, j'envie le « bourgeois » : cela tient à ce qu'il peut s'offrir des jouissances hors de ma portée. Je voudrais les connaître à mon tour.

Le collectivisme me le permettra-t-il ? Non ! Demain, en dépouillant un certain nombre de possédants, il maintiendra la masse dans son état misérable.

Par conséquent, je n'ai que faire du collectivisme. Je lui préfère toute modalité, tout système qui me garantira mon nécessaire, même en laissant aux autres leur superflu.

C'est là que réside le problème et pas ailleurs.

Dans ces conditions, le cri « Plus de bourgeois ! » me paraît stupide, puisque nous rêvons tous de le devenir. Ce qu'il faudrait crier, c'est : « Plus de parias ! » ..., Voilà, pour le futur, notre véritable mot de ralliement.

A cet égard, la classe prolétarienne pense tout entière comme moi. Je défie M. Jaurès d'affirmer le contraire, lui qui a dit : « Nous ne sommes pas des ascètes. »

Aux prolétaires d'oser maintenant exprimer tout

haut ce qu'ils pensent tout bas, quand cela devrait déplaire à certains collectivistes millionnaires qui jamais n'ont prêché d'exemple, ni rien sacrifié de leurs capitaux à la collectivité.

Aussi bien que ces « fils à papa » — favorisés de la fortune que l'arrivisme a mués en agitateurs révolutionnaires — nous savons, nous, les fils d'ouvriers, travailleurs nous-mêmes, que l'essor du machinisme et sa résultante : le développement des affaires financières, ont, au cours du XIXe siècle, accentué l'inégalité des conditions sociales et dressé une barrière entre ceux qui possèdent et ceux qui ne possèdent pas.

Mais, nous savons en outre — chose qu'ignorent ou feignent d'ignorer certains *intellectuels* — que les bénéfices immenses résultant de cet essor et de ce développement ont été accaparés par une oligarchie parasitaire, aujourd'hui détentrice des capitaux de spéculation. Nous savons enfin que, si cette oligarchie rêve de dépouiller totalement le petit commerçant, le petit patron et le propriétaire foncier, c'est à son profit à elle seule et non pour améliorer notre sort à nous.

La classe parasitaire a su diviser pour régner.

C'est grâce à la mésintellingence créée et entretenue par elle, entre le capital qui travaille et le travail qui ne possède pas, mais devrait posséder, qu'elle s'est formée, amplifiée, affermie au point de jeter finalement son emprise sur toutes les forces vives de la société contemporaine.

Qu'une entente se fût établie, en 1793, entre le Tiers-Etat, rencontrant dans la propriété une garantie effective à sa liberté, et le Quatrième-Etat, privé de cette garantie indispensable : le parasitisme n'aurait pu instaurer sa domination !

Mais, dès avant cette date, certaines gens qui voyaient uniquement dans la Révolution le moyen d'assurer leur fortune politique, tel Philippe-Egalité, duc d'Orléans (le sinistre accapareur des grains), trouvèrent un intérêt personnel considérable à empêcher une pareille entente.

S'ils se tinrent à l'écart, ou s'ils disparurent tout à coup de la scène publique, leur suggestion n'en pesa pas moins sur les décisions des assemblées délibérantes : c'est ce qui explique l'oubli fatal de la Convention relativement à l'accession de tous à la propriété. Il eut fallu, en effet, spécifier *tous* les modes de cette accession, modes licites et modes illicites ; et les accapareurs d'alors ne pouvaient le supporter.

Sitôt commise la faute des Conventionnels, les « parasites » se mirent en mesure de faire constamment échec à tout rapprochement entre les détenteurs légitimes de propriété, c'est-à-dire entre les véritables émancipés, et la masse privée du *seul instrument* d'émancipation. Durant un siècle, ils profitèrent de tous les événements politiques, en les suscitant au besoin, pour entretenir (entre propriétaires immobiliers, industriels et commerçants, d'une part ; et prolétaires de toute catégorie, d'autre part) cette division sur laquelle est en train de s'échafauder pour longtemps, si nous n'y mettons bon ordre, le règne de la Ploutocratie.

De sorte qu'aujourd'hui, s'il est vrai qu'en dépit de la Grande Révolution des classes subsistent dans ce pays, il est faux de prétendre qu'il ne s'en trouve que deux : la classe bourgeoise et la classe prolétarienne. Une troisième existe, qui vit aux dépens des deux autres (1) comme les frelons pillent le miel des abeilles : c'est *la classe parasitaire* ou capitaliste dans le plus mauvais sens de ce mot.

Féodalité nouvelle, cette troisième classe est nécessairement composée d'un petit nombre d'individus qui appartiennent à toutes les races, à toutes les reli-

(1) Chirac. — *L'Agiotage sous la troisième République.*

gions, ou plutôt n'ont ni religion, ni patrie, mais sont liés entre eux par une double affinité : le débordement d'appétits et le manque de scrupules.

Pourvus de moyens financiers plus que suffisants, les parasites ont, au cours du siècle dernier, multiplié les embûches sous les pas des gouvernements chaque fois que ceux-ci montrèrent la moindre velléité de tenter, ne fût-ce qu'en partie, le parachèvement de l'œuvre de 1789.

A l'heure actuelle, ils sont mieux outillés que jamais pour mettre les pouvoirs publics et les maintenir dans l'impossibilité absolue de faire progresser la législation proportionnellement à l'essor du machinisme et en raison directe de la constante transformation des procédés de s'enrichir.

Les féodaux sont, ainsi, toujours en avance sur le Code, ce qui est la plus habile façon de vivre en sa marge... Et l'agio, la spéculation, les accaparements peuvent se donner libre cours, à l'abri des mesures préventives et prohibitives, sans craindre non plus les sanctions pénales qui devraient : les unes paralyser, les autres frapper toutes manœuvres illicites, tous modes dolosifs d'appropriation.

La faculté dévorante des parasites est double :

elle pèse lourdement sur les salaires ouvriers et draine habilement l'épargne de la classe moyenne.

En dehors de la propriété foncière (immeubles dans Paris et dans les villes, terres à la campagne, etc.) tout ce qui constitue la richesse publique et que représente le numéraire, se trouve déjà la proie de la féodalité nouvelle. Celle-ci l'a fait entrer dans ses coffres, grâce au « miroir aux alouettes » de la spéculation. Maintenant, elle désire s'emparer de tout le restant de la fortune nationale...

En attendant, le numéraire qu'elle détient est à l'abri ; tout au moins, il pourrait s'évader rapidement à l'étranger, en cas de danger ou de nécessité. Si, par exemple, le collectivisme était réalisable, c'est-à-dire contenait une menace sérieuse : instantanément se volatiliserait, en France, le capital parasitaire si aisément transportable.

Mais, on l'a vu, le collectivisme est d'une précarité qui fait sourire. Les parasites le savent mieux que quiconque. C'est pourquoi, loin de le craindre, ils l'ont réduit à l'état d'instrument à leur usage et le subventionnent volontiers comme un moyen d'implanter rapidement et définitivement la domination de la Ploutocratie.

Voici un exemple entre cent, entre mille : Il y a quelques années, un multi-millionnaire, M. Edwards (1) fondait un journal, le *Petit Sou*, à étiquette socialiste. Tous ses collaborateurs étaient des collectivistes notoires : orateurs fougueux, écrivains incendiaires, sans parler de plusieurs députés connus. Pourra-t-on soutenir sérieusement que M. Edwards poursuivait, en réalité, l'instauration d'un régime collectiviste ?... Allons donc !

Combien de publications collectivistes (2) ont vécu ou vivent encore avec des ressources identiques ?

De pareilles subventions ont une signification capitale. Par elles on devine la colossale opération qui se prépare et à laquelle des gens honnêtes comme Jules Guesde prêtent la main sans le savoir.

Sitôt le moment venu — c'est-à-dire quand, d'une part, la classe moyenne (propriétaires fonciers, commerçants, agriculteurs, etc.) sera suffisamment dépourvue de numéraire et se trouvera à la merci d'un

(1) Urbain Gohier. — *Histoire d'une Trahison* ; pages 131 et suivantes.

(2) Voir, entre autres, les numéros des 24 et 30 avril 1902 de la *Petite République* (alors journal de M. Jaurès), où des accusations formelles sont portées contre des « militants collectivistes ». *Quantum mutatus ab illo !* (N. de l'A.).

affolement ; quand, d'autre part, le renchérissement de la vie, compliqué du chômage, aura porté à son paroxysme l'exaspération des prolétaires — oui, sitôt ce moment venu, les féodaux parasitaires agiront.

La chose ne sera pas compliquée. Ils n'auront qu'à donner un tour de clef à leur coffre-fort pour qu'avec le régime actuel aucun ministère ne soit viable.

Ce jour-là les collectivistes arrivent au pouvoir, comme par enchantement. La tentative d'expropriation s'esquisse...

Aussitôt une panique s'abat sur les individus de la classe moyenne, détenteurs de propriété « non dissimulable ». C'est à qui vendra son champ, son enclos, sa maison. Partout, à Paris, en province, dans toutes les villes et dans toutes les bourgades, les propriétaires fonciers chercheront à se débarrasser de leur bien à n'importe quel prix. Le voisin ne pourra servir d'acquéreur, puisqu'il est lui-même nécessiteux et veut vendre pareillement. A qui s'adresser, dans ces conditions. N'y aura-t-il personne pour acheter ?

Si, il se rencontrera quelqu'un ! L'heure du parasitisme aura sonné. Le numéraire est introuvable pour tous, non pour lui.

L'armée d'entremetteurs à la solde de la féodalité

financière entre en campagne. L'offre d'achat se produit, à un prix dérisoire naturellement. Les conditions sont léonines, cela d'autant plus que l'argent
est très rare et les difficultés éventuelles fort exagé-
rées. Enfin, le parasite acquiert le champ, l'enclos,
la maison, l'atelier pour une bouchée de pain. L'opération se répète à l'infini : c'est un vaste coup de
filet sur la France entière. Très peu nombreux restent
ceux qui ont eu la chance d'y échapper.

Dès que la manœuvre a obtenu son plein effet, la
féodalité financière se trouve face à face avec le gouvernement collectiviste.

De deux choses l'une, ou celui-ci a été de bonne foi,
ou il fut complice.

De bonne foi ? Il sera brisé comme verre. Il a tout
contre lui : la pénurie des ressources, le manque de
confiance et de crédit, l'indigence publique, les divi-
sions intestines, la menace d'une agression étrangère,
etc., tandis que le parasitisme possède tous les moyens
de lutte, y compris la coercition de l'Extérieur. Le
pouvoir collectiviste est alors balayé fatalement.... Et
tout gouvernement appelé à lui succéder se trouve
dans l'obligation de s'incliner devant le fait accompli.
Bien mieux, ce gouvernement nouveau ne comprend

que des créatures, des agents, des valets du parasitisme.

Voilà pour le collectivisme de bonne foi !

Quant à l'autre, c'est pire encore.

Que les directeurs apparents du collectivisme soient complices : eh ! bien, ils empocheront leur part des dépouilles nationales, toucheront en un mot leur prime, leur commission, au moment de nous tirer la révérence et de laisser le champ libre à la féodalité nouvelle, à la Ploutocratie, désormais toute-puissante.

Sans plus tarder, l'ancienne classe moyenne tombera au servage et la classe prolétarienne à l'esclavage. L'œuvre de régression sociale, annoncée par Bernstein, sera un fait accompli.

Tel est l'aboutissant inéluctable du collectivisme qui — doctrine de révolution chaotique — apparaît comme le meilleur instrument de règne pour les féodaux parasitaires.

Faire fond sur le collectivisme : c'est, dans le monde ouvrier, se préparer les plus graves mécomptes, les plus formidables désillusions.

———

XVI

L'INDIVIDUALISME

Un changement est nécessaire dans le pacte social actuel. Mais, ce changement doit provenir d'une révolution qui sait ce qu'elle veut et où elle va.

L'émeute et la révolution sont deux.

L'émeute s'arrête au bruit, à la clameur, à l'agitation, au désordre : elle se complaît aux mots ; la révolution entre dans la réalité. L'émeute est perturbatrice, la révolution est méthodique. L'une engendre le chaos, l'autre le progrès. L'émeute reste stérile, la révolution apparaît organisatrice.

Le collectivisme est émeutier, il n'est pas révolutionnaire.

L'individualisme, par contre, semble-t-il propre à effectuer la révolution désormais urgente ?

Pour ma part, sans hésiter, je réponds : oui !

Pas plus que le collectivisme ne signifie en réalité « solidarité sociale », l'individualisme ne veut dire « égoïsme individuel ». L'individualisme, en effet, a pour corollaire : la mutualité ; pour adjuvant : la coopération ; pour sauvegarde prolétarienne : l'organisation corporative, autrement dit le syndicalisme.

Précisément, mutualité, coopération, syndicalisme seraient trois organes sinon supprimés, tout au moins atrophiés, dans une société collectiviste.

Ceci posé, il convient de dissiper par avance toute équivoque.

L'individualisme ne saurait avoir rien de commun avec certain « propriétisme » qui, en ce qui touche à la propriété, commet (quoique en sens inverse) la même erreur que le collectivisme.

Le collectivisme établit une confusion entre la propriété parasitaire et la propriété individuelle afin de les abolir toutes les deux. Le « propriétisme » agit pareillement, afin de sauvegarder la première en même temps que la seconde.

L'individualisme, lui, n'entend défendre que la propriété individuelle. Il veut que tout le monde possède, mais possède licitement et en travaillant. Il poursuit la disparition du parasitisme, mais seulement pour enrichir le prolétariat et le faire monter au niveau de la classe moyenne d'aujourd'hui. Tel est son but exclusif !

Si l'on se place à l'unique point de vue doctrinal en matière socialiste, l'individualisme est parfaitement orthodoxe. La meilleure preuve, c'est qu'il a été professé, jusqu'en 1880, par la quasi-unanimité des socialistes français et qu'en dépit de l' « unification » il est demeuré le meilleur instrument de conquête sociale précise, aux yeux du plus grand nombre des socialistes, aux yeux de ceux qui, aujourd'hui, représentent le prolétariat *conscient*, dans la plus forte acception du terme.

L'individualisme a, de la sorte, sur le collectivisme, l'avantage d'être à la fois traditionnel et majoritaire : majoritaire surtout, parce qu'il représente non un parti (forcément limité), mais une cause, la cause de l'universalité des citoyens, sans distinction aucune.

« L'individualisme — rappelons en deux lignes sa « définition — maintient la propriété individuelle. « Son but est d'en permettre l'accession à tous. Il « laisse, en outre, à chacun la libre disposition du « produit de son travail et de son intelligence. »

Etant donné que la société est loin d'être parfaite,

il convient de préciser les vices qu'elle comporte et de déterminer les abus auxquels donne lieu son fonctionnement. Tel est le préliminaire obligé de toute recherche ayant pour but d'extirper les uns et de détruire les autres.

Les vices de la société contemporaine se condensent en un seul ; le voici : « Impossibilité matérielle pour la « masse prolétarienne de devenir propriétaire. »

Ses abus ? Tout le monde — propagateurs du collectivisme et champions de l'individualisme — tout le monde est d'accord pour les synthétiser et les résumer dans la constatation suivante : « Une catégorie de privilégiés peut accumuler le capital rapidement et excessivement, en dehors du travail et de l'économie personnels, en dehors aussi du travail et de l'économie des ascendants et des collatéraux. Cette faculté d'absorption de quelques-uns cause la gêne et la ruine dans la classe moyenne, ainsi que l'indigence et la misère dans la classe prolétarienne. »

Dès lors, une double interrogation se pose :

Le collectivisme détruit-il le vice initial ? Fait-il, en outre, disparaître les abus de l'accumulation capitaliste ?

Non ! le vice fondamental persiste, puisque l'étatisme serait fondé sur l'expropriation générale et, partant, sur l'impossibilité matérielle pour la masse de devenir propriétaire. Les abus subsistent pareillement ; car, sous peine de ne pouvoir durer, le collectivisme serait obligé de vivre autrement qu'au jour le jour : il se verrait donc contraint à constituer des réserves, c'est-à-dire à faire lui-même de l'accumulation capitaliste. Celle-ci grèverait les frais généraux de la vie sociale, déjà beaucoup plus élevés que les frais budgétaires actuels par suite de l'entretien constant des milices au grand complet, oui par suite de cette charge onéreuse de *toute* une nation en armes. Le régime nouveau ne pourrait ainsi, au moins aux heures critiques — ce qui, pour lui, serait la normale — ne pourrait, disons-nous, se maintenir qu'en s'adressant au crédit, soit à l'intérieur, soit au dehors. Mais en trouverait-il, là comme ici ? Le crédit ne s'échafaude que sur la confiance et... sur le taux de la rente. En admettant qu'il en trouvât : du coup, la spéculation refleurirait et le parasitisme également.

C'est qu'à la vérité le collectivisme dépasse le but, mais ne l'atteint pas.

Qu'importe de proclamer la déchéance d'une société, si la remplaçante doit apporter le même vice originel et connaître les mêmes errements ?... L'effort à donner, effort immense puisqu'il s'agit de jeter à bas tout un monde, n'est pas en rapport avec les résultats entrevus.

L'individualisme, au contraire, propose un effort moindre pour des résultats autrement sérieux. Ayant pour base l'accession de la masse à la propriété, il élimine le vice fondamental de la société actuelle. Puis, par des mesures contre l'agio et l'accaparement, il frappe en plein cœur le parasitisme, ce qui est la meilleure manière, autant dire la seule, d'annihiler les effets et d'obvier aux méfaits de l'accumulation capitaliste.

Tandis que le collectivisme *intégral* comporte une phase préparatoire de « deux mille ans » au bas mot, l'individualisme est susceptible de donner sur l'heure des résultats efficaces.

Le collectivisme abandonne les conquêtes de la Grande Révolution, l'individualisme les complète ; le premier détruit les principes de 1789, le second les développe et les fortifie.

Avec le collectivisme, l'individu n'est plus rien : l'omnipotence étatiste opprime la personnalité humaine ; la liberté de chacun devient un mythe dans la pensée comme dans les actes : tout sé subordonne à la raison d'Etat !

Avec l'individualisme, il en va différemment : la liberté individuelle y est renforcée, rendue piénière par l'adjonction de la propriété.

Le collectivisme comporte deux classes inférieures : la chiourme et la garde-chiourme, vouées l'une et l'autre à supporter à bref délai le joug d'une oligarchie parasitaire, celle-ci classe supérieure ou, plutôt, caste fermée et bientôt inaccessible.

L'individualisme, par contre, abolit définitivement l'inégalité des conditions en élevant le travail, désormais apte à posséder, au niveau du capital qui travaille et en supprimant tout parasitisme.

Nivellement pour nivellement ! Alors que le collectivisme formule la promesse fallacieuse d'abaisser la bourgeoisie à l'étiage du prolétariat et de tout équilibrer dans la misère, l'individualisme propose de hausser le prolétariat à la taille de la bourgeoisie et de tout équilibrer dans le bien-être.

Le collectivisme immole la fraternité. Il prétend ramener l'espèce humaine à la « vie naturelle ». A laquelle ? Est-ce celle des Caraïbes et des Zoulous ? Si oui, la force y serait vite le seul code du Droit, et le *bon plaisir* l'unique jurisprudence de la Raison. Ou bien est-ce, plus simplement, à la vie naturelle animale ?... Ainsi, la terre devrait appartenir aux hommes comme l'air appartient aux oiseaux et la mer aux poissons ! Mais, on n'ignore point que les grands oiseaux dévorent les petits oiseaux, et que les gros poissons se nourrissent de leurs congénères plus faibles. De sorte que la fameuse « vie naturelle » n'est nullement un progrès social. En tout cas, se dévorer entre hommes ne saurait être considéré comme un symbole de fraternité.

L'individualisme, à l'opposé, offre l'entente entre les divers éléments du travail. Système de concessions, régime de concorde, il façonne l'union des abeilles contre les frelons.

C'est pourquoi, tandis que les collectivistes prêchent le *grand soir* qui signifie « la fin de tout », les individualistes invoquent l'*aube libératrice*, autrement dit le « commencement de tout » grâce au lever d'un soleil de justice sur une société meilleure et plus harmonieuse.

XVII

PROTAGONISTES ACTUELS

DE L'INDIVIDUALISME

Professé en France par la quasi-unanimité des socialistes, jusqu'à l'époque où — il y a trente ans environ — quelques rêveurs communistes imposèrent à la Démocratie française la panacée allemande du marxisme : l'individualisme a vu, en dépit de l'hérésie collectiviste, croître chez nous le nombre de ses adhérents.

Il est resté, en outre, l'élément substantiel des revendications premières que formulent les socialistes les plus clairvoyants et les plus avertis.

Il y a douze ans à peine, au cours de la sixième législature, Gabriel Deville (1) montait à la tribune de la Chambre pour répondre à M. Deschanel, dans un débat sur la crise agricole, et s'exprimait en ces termes :

« Toutes les réformes qui aboutiront à ce résultat « *de protéger réellement la petite propriété, d'alléger* « *ses charges*, de la rendre apte à assurer à elle seule « la vie de la famille qui la fait valoir, toutes ces « réformes, si minimes qu'elles soient et quels qu'en « soient les promoteurs, nous comptent (nous, les « socialistes) au nombre de leurs partisans. »

Combien de citations pareilles pourraient être reproduites ?

Faut-il rappeler aussi que M. Compère-Morel ne fut nommé, en 1909, député du Gard, à une élection partielle, que parce qu'il préconisa la défense de la petite propriété rurale ?... Que penser de l'admission, dans les rangs de l' « unité collectiviste », de ce défenseur de la propriété individuelle ?

Voici mieux :

(1) La déclaration de M. Deville fut si impressionnante que certains de ses collègues de toutes opinions la reproduisirent dans l'exposé des motifs d'une proposition de loi annexée au procès-verbal de la séance du 23 juin 1898, portant le nᵒ 101 de la septième législature (CHAMBRE DES DÉPUTÉS. — *Session de* 1898).

Le 8 novembre 1906, M. Viviani (1) prononçait à la Chambre des Députés un remarquable discours dont le passage essentiel est le suivant :

« Permettez-moi — s'écria le Ministre du Travail « d'aujourd'hui — permettez-moi d'emprunter à Louis « Blanc cette définition de la liberté : « La liberté « n'est pas seulement un droit, elle est un pouvoir « devant amener la sécurité sociale ». Et la sécurité « sociale, quel est *son symbole ?*

« Où réside-t-elle ?

« Dans *la propriété* !

« Oui, *la propriété est le bien suprême de l'homme,* « *elle résume tous les bonheurs.* (2) »

Mais, de plus en plus fort : Les socialistes, devenus collectivistes au cours de ces trente dernières années, ne tombent-ils point, eux-mêmes, dans la nécessité d'accepter, à un moment donné, au milieu des extravagances de l'étatisme, le principe fondamental de la propriété et d'affirmer leur respect pour ce principe dans le domaine individuel ?

Oui, ils en arrivent là, eux aussi !

(1) Voir *Journal Officiel*, du 9 novembre 1906.
(2) Rapprocher ce discours de M. Viviani, du discours prononcé en mars 1909, au Neubourg (Eure), par M. Aristide Briand qui préconisa également l'idée individualiste.

Un fait va le prouver irréfutablement.

Posons cette question : dans la société collectiviste, un travailleur rémunéré au moyen du bon de consommation pourrait-il *en disposer selon son gré ?*

— Oui, certes ! affirme M. Jules Guesde.

Alors, ô Jules Guesde, où commence la propriété et où finit-elle ? Voilà ce qu'il importerait de déterminer.

Voilà ce que les individualistes avoués ne doivent pas, eux, craindre de déterminer.

Pour l'instant, c'est un réconfort de constater que, dans tous les éléments du travail — classe moyenne et classe prolétarienne — un grand mouvement se dessine vers l'individualisme social.

Dès 1888, un homme qui, dans Paris, remplit la fonction de défenseur attitré de la propriété bâtie, M. Mourgues (1), émettait en 1906 cet aphorisme : « La propriété est la source du bien-être pour tous. » Tout récemment, M. Mourgues complétait sa pensée première de la façon suivante : « Les progrès d'une « nation sont en raison directe de la protection accordée « à la propriété. En d'autres termes, le degré de « respect auquel est arrivée la propriété dans tel ou tel « pays donne le degré de civilisation de ce pays. »

(1) Directeur de la « Chambre des Propriétaires » de Paris.

Telle est l'expression la plus pure de ce que pense toute la classe moyenne.

De « l'autre côté de la barricade » — puisque barricade il y a, du fait des parasites enchantés d'avoir mis aux prises les deux éléments du travail — dans le camp opposé, disons-nous, c'est-à-dire dans le prolétariat, l'opinion est identique. Les proudhoniens les plus fidèles, les libertaires les plus déterminés considèrent la conquête individuelle de la propriété comme la suprême attraction humaine. A cet égard, M. Jaurès peut se renseigner, sinon auprès de Sébastien Faure, tout au moins auprès du plus modeste « compagnon »,... à moins qu'il ne préfère s'adresser aux collectivistes millionnaires, conservateurs jaloux et administrateurs prolifiques de leur patrimoine.

Quoi qu'il en soit, le libertaire Urbain Gohier (1) a écrit :

« Nous voulons que chacun dispose librement de « son bien, l'accroisse s'il le peut, le consomme à sa « guise. Nous regardons la propriété individuelle « comme la garantie nécessaire de la liberté, de la « dignité humaine, de l'activité, du progrès. Les lois

(1) Urbain Gohier. — *La Révolution vient-elle ?* pages 124 et suiv.

« que promulguent ces prétendus défenseurs de la
« propriété individuelle y mettent toutes sortes de
« restrictions ; elles ne laissent pas au père de famille
« le droit de donner ou de léguer à son gré son patri-
« moine ; elles ne permettent pas au prodigue de ren-
« dre à la circulation la propriété accaparée par son
« auteur.

« Nous voulons, nous, la propriété individuelle
« complète, entière, absolue. »

Et, plus loin :

« La propriété est le fruit du travail ; nous ne vou-
« lons ôter à personne sa propriété ; nous entendons
« recouvrer la nôtre. *Nous sommes*, contre les usur-
« pateurs, *les vrais défenseurs de la propriété.* »

Un rapprochement s'impose ici entre les assertions
qui précèdent et qui émanent de MM. Gabriel Deville,
Viviani, Mourgues, Urbain Gohier, etc., et l'exposé des
motifs d'une proposition de loi, en date du 23 juin 1898,
où la signature de l'abbé Lemire voisine avec celle de M.
Mesureur.

Les paragraphes suivants de cet exposé des motifs
méritent d'être médités :

« Aux yeux de tous les sages et de tous les politi-
« ques, le meilleur moyen d'enrayer *le prolétariat* et

« avec lui la plupart des misères physiques et morales
« dont il est la cause, est de faciliter à tous, aux plus
« humbles et aux plus déshérités surtout, l'acquisi-
« tion de la propriété immobilière.

« Il est d'expérience que les hommes qui n'ont ni
« feu ni lieu, ni attache à la profession, ni lien au sol,
« arrivent plus facilement que d'autres à n'avoir ni
« foi, ni loi. Ils errent au hasard de par le monde,
« victimes de la loi de l'offre et de la demande, et ils
« aboutissent fatalement dans les grands centres où
« les attendent les désillusions et les désespoirs.

« Et le nombre de ces hommes, qu'on appelle pro-
« létaires, augmente de jour en jour. Il n'y avait jadis,
« et seulement dans quelques coins de la France, que
« les prolétaires de la grande industrie. Le développe-
« ment des exploitations agricoles et l'emploi des
« machines multiplient sous nos yeux les prolétaires
« ruraux. La transformation de la paie du matelot
« qui résulte de la substitution du salaire fixé à la
« part de pêche amènera le prolétariat maritime.
« Peut-être que demain les anciens petits commerçants,
« devenus simples employés des grands magasins four-
« niront les prolétaires du commerce, en attendant
« que les salariés de cet employeur d'hommes qu'on

« appelle l'Etat, trouvant eux-mêmes dans l'instabi-
« lité et l'insécurité de leur situation des motifs de
« mécontentement, amènent dans cette armée leur
« contingent de fonctionnaires. »

Le tableau est saisissant, parce qu'exact.

Quel remède opposer à la morbidité prolétarienne qui envahit tout et intensifie le paupérisme, si ce n'est de permettre à la masse ouvrière d'accéder à la propriété ?

Du reste, toutes les aspirations individuelles sont, dans tous les milieux politiques et sociaux, tendues vers cette possession !

... La preuve étant faite pour l'individu, reste à connaître l'excellence ou la nocivité de la propriété au point de vue général, en ce qui concerne les rapports entre les classes actuelles et en ce qui a trait au corps social pris dans son ensemble.

XVIII

LA PROPRIÉTÉ INDIVIDUELLE

La propriété individuelle est-elle bonne au point de vue général ou — pour mieux poser le problème — le morcellement de la propriété entre un plus grand nombre d'individus est-il un symptôme de prospérité nationale ? L'abondance de la propriété, une dénotation de bien-être social ? Le respect de la propriété, un indice de « civilisation vraie » ?

Jeter un coup d'œil en arrière et comparer les étapes parcourues depuis cent vingt ans constitue, pour nous, la meilleure des réponses. M. Jaurès lui-même, a procédé de cette façon ; nous verrons où, tout à l'heure.

Sur ce, il en est arrivé jusqu'à prendre la défense des principes de 1789, au nombre desquels compte la propriété. Bien mieux, l'oracle collectiviste a justifié le rôle de la « bourgeoisie » à l'époque de la Grande Révolution.

Oh ! certes, selon son habitude, il l'a fait en enveloppant sa pensée dans des périodes qui ne valent pas une phrase concise et un terme précis ; il l'a fait avec le ton pompeux et sur le mode déclamatoire qui lui sont personnels. N'importe ! il l'a fait...

« Jamais — écrivait-il dans la *Petite République*, du « 29 mai 1902 — jamais la Convention ne fut plus grande « qu'en 1792 et en 1793, quand elle abattait la royauté, « brisait la contre-révolution, suscitait et armait des « millions d'hommes, défiait ou libérait l'Europe « esclave et s'immolait elle-même pour assurer la « nécessaire unité d'action.

« Or, il n'y eut jamais plus de gaspillages, plus de « voleries, plus de spéculations coupables...

« Si nous entrions dans la sociologie profonde de « M. Drumont, nous devrions conclure que, dès 1792 « la bourgeoisie était condamnée. Mais, cette large « tare de corruption *n'a pas empêché la bourgeoisie* « *révolutionnaire d'accomplir son* œuvre historique... »

D'après vous, ô Jaurès, excellente fut donc l'œuvre historique de la bourgeoisie ? La conquête de la propriété par le Tiers-Etat — toutes défaillances mises à part — vous paraît ainsi une chose bonne en soi ?

Mais alors, cette œuvre, pourquoi ne pas la compléter ? Pourquoi interdire la même conquête au Quatrième-Etat et vouloir conjointement déposséder le Tiers-Etat ? Pourquoi jeter au rebut les principes de 89 ? Pourquoi nous offrir le collectivisme allemand aux lieu et place d'une extension plus grande de la propriété individuelle ?

Serait-ce parce que le principe de propriété fit, en France, un complet *fiasco*, au cours du XIXe siècle ?

Serait-ce parce que la propriété individuelle a été génératrice de misère ou encore qu'elle ne fut point susceptible de se subdiviser au profit d'un plus grand nombre d'individus ?

Nullement !

La propriété n'a pas été génératrice de misère, puisqu'à cette heure nous ne sommes plus au temps (1) tout de même où le serf « devait se contenter d'herbe pour se nourrir ». Plus la propriété se développpa et se multiplia durant le siècle dernier, plus la vie devint facile pour tous. La progression de la propriété a pro-

(1) Pour la misère effroyable avant 1789, consulter notamment LA BRUYÈRE ; TAINE, *Origines de la France contemporaine* ; BRISSAUD, *Histoire de France* ; ARTHUR YOUNG, *Comparaison entre l'état des campagnes en Angleterre et celles de France*, etc.

voqué une progression équivalente de bien-être, à preuve surtout l'époque non encore pas trop lointaine où l'ouvrier « joignait les deux bouts » bien plus facilement qu'aujourd'hui..., et personnellement je peux en parler en connaissance de cause : mon père ayant élevé quatre enfants avec un salaire de 3 fr., puis de 3 fr. 25 par jour, durant vingt-sept ans, ce qu'on ne pourrait guère mener à bonne fin désormais, dans des conditions identiques.

Pourquoi ?

Parce qu'après la période ascendante, est survenue une période de stagnation. Les statistiques le prouvent, en même temps qu'elles mettent en lumière les facultés d'extension et de subdivision de la propriété.

Rien ne parle mieux que les chiffres. En voici :

En 1789, il y avait en France un peu moins de 4 millions de familles propriétaires ; en 1825, on en comptait 6 millions et demi ; en 1850, 7 millions et demi ; en 1875, 8 millions. (1)

Dès cette dernière date, il y eut fléchissement, puis

(1) Ce doublement du nombre des propriétaires, de 1789 à 1875, ne saurait être attribué au doublement de la population. La France comptait 25 millions d'habitants en 1789, et 37 millions et demi en 1875 (N. de l'A.).

décroissance du nombre des propriétaires. Aussitôt la misère grandit et parallèlement s'accrut le prolétariat.

Quelle est encore présentement la répartition de la richesse publique ? un tableau peut, mathématiquement, nous l'offrir. C'est celui des successions.

Prenons les chiffres *officiels* des successions ouvertes, en France, pendant l'année 1904 par exemple. L'on trouve, à cette date, 381.601 successions déclarées. Il faut les classifier de la façon suivante :

119.529 successions représentent un actif de moins de	—	—	—	500 fr.
102.785	—	—	—	2.000 fr.
103.167	—	—	—	10.000 fr.
42.042	—	—	—	50.000 fr.
6.876	—	—	—	100.000 fr.
4.449	—	—	—	250.000 fr.
1.548	—	—	—	500.000 fr.
724	—	—	—	1.000.000 fr.
311	—	—	—	2.000.000 fr.
123	—	—	—	5.000.000 fr.
33	—	—	—	10.000.000 fr.
11	—	—	—	50.000.000 fr.
3	—	représentent un actif sup^r à 50.000.000 fr.		

La simple lecture de cette énumération permet de constater qu'étant donné qu'il existe en France 75 % de propriétaires grands et petits (ces derniers étant parfois des besogneux) le fait de l'indigence totale des autres 25 % de la population provient de l'emprise du parasitisme.

Plus celui-ci se fortifiera, plus la misère augmentera. Comme l'ont dit en même temps M. Mesureur et l'abbé Lemire : la classe moyenne spoliée par lui irait grossir, de plus en plus, les rangs du prolétariat et du salariat ; de la sorte, elle accroîtrait des difficultés déjà trop grandes dans la classe ouvrière, et provoquerait un nouvel avilissement de la main-d'œuvre.

Aussi, au lieu de combattre l'individualisme, générateur de progrès depuis la grande Révolution, faut-il lui donner plus d'extension que jamais.

Oh ! je n'ignore pas que les collectivistes contestent ce progrès. Mais, comme celui-ci saute aux yeux dans la vie courante en ce qui concerne le mieux-être individuel, ils laissent de côté ce premier grief pour donner plus d'ampleur au second qui a trait à la surdivision de la propriété. Contrairement aux statistiques les plus incontestables, aux statistiques officielles elles-mêmes, ils osent affirmer que la propriété — loin de se pouvoir morceler, loin de s'être réellement morcelée jusqu'en 1875 — s'est au contraire condensée dans un plus petit nombre de mains.

C'est ainsi que, dès 1848, Karl Marx (1) écrivait déjà : « La bourgeoisie *met fin de plus en plus à* « *l'émiettement* des moyens de production, *de la pro-* « *priété*, etc. » Or, nous l'avons vu, à cette même époque, en France, le nombre des familles propriétaires s'était accru de un million en vingt-cinq ans, de l'année 1825 à l'année 1850 !!! Ceci n'empêcha pas Chirac (2) de répéter l'assertion de Marx, et nombre de collectivistes (3) de reprendre la même antienne. N'est-il pas jusqu'à Edouard Drumont (4) qui a trouvé moyen de faire chorus ? Et, gravement, doctoralement, les uns et les autres ont aligné des chiffres, ...qui démontrent quoi ? Que le nombre des petits propriétaires *ruraux* n'a pas augmenté, ou presque pas, depuis 1789.

C'est poser singulièrement la question que de l'envisager sous cet angle. Quel extraordinaire strabisme ! Eh ! quoi, il n'y a donc qu'une seule forme de propriété qui compte pour ces « sociologues » : la *propriété terrienne ?*

(1) Karl. Marx. — *Manifeste communiste*, § 11, page 27.
(2) Chirac. — *La prochaine révolution.*
(3) Voir la *Revue socialiste* du 15 février 1887.
(4) Edouard Drumont. — *La Fin d'un Monde*, page 4.

J'ai le regret de leur dire qu'en tous temps, mais à notre époque surtout, la propriété revêt bien d'autres formes.

Sans avoir besoin d'en énumérer toutes les spécialités, il suffit de constater que les immeubles urbains, les fonds de commerce, les outillages d'usine, les marques de fabrique, les valeurs financières, les titres, etc., sont également des modes de propriété, et que ces modes sont, aujourd'hui, si nombreux, si importants, que leur total l'emporte — et de beaucoup ! — sur la valeur de la propriété rurale, malheureusement trop dépréciée en ce moment.

La crise agricole n'est pas, à elle seule, toute la crise sociale. Elle en constitue seulement un tronçon, une partie.

C'est la crise tout entière qu'il faut envisager dans son ensemble pour la conjurer parcellairement, c'est-à-dire dans chacune de ses subdivisions.

XIX

LA PROPRIÉTÉ ANONYME

Ce n'est ni le développement du machinisme, ni la surdivision du travail, ni la surproduction capitaliste, ni la diminution des salaires, ni la concentration de la propriété en un plus petit nombre de mains, qui a produit la crise sociale actuelle.

Nous l'avons vu :

Le développement du machinisme est l'unique moyen de diminuer la fatigue de l'ouvrier.

La division du travail entraîne un meilleur emploi, une répartition plus idoine de l'aptitude professionnelle.

La surproduction a pour conséquence l'abaissement de la cherté de la vie.

Quant à la diminution des salaires, elle n'a pas eu lieu. Les salaires n'ont fait qu'augmenter depuis soixante ans au moins.

Quant au morcellement de la propriété : il s'est effectué progressivement jusqu'en 1875.

Quelle est donc la donnée véritable du problème social qui se pose, aujourd'hui ?

Les collectivistes l'ignorent ou feignent de l'ignorer.

Nombre d'individualistes ne l'ont pas encore perçue.

Cette donnée réside tout entière dans le développement prodigieux de la propriété anonyme.

La propriété anonyme est l'inverse de la propriété individuelle. Impersonnelle et au porteur, elle peut — grâce à son anonymat — être le fruit de manœuvres illicites, opérées dans la nuit de la spéculation, de l'accaparement, pour ne pas dire du vol.

Par contre, la propriété individuelle (personnelle, nominative) ne peut à l'ordinaire s'acquérir et s'accroître qu'au grand jour, licitement, par le travail de l'individu ou de la famille.

La propriété nominative est forcément astreinte à subir, sans exception, toutes les charges sociales, impôts et le reste.

La propriété au porteur est à même de les éluder toutes ou presque toutes.

Quelques exemples ne messiéent point !

Un individu, propriétaire d'une terre ou d'une valeur en banque nominative, veut la céder pour une raison quelconque : immédiatement la vente ou le transfert comporte la perception de droits fiscaux.

Un autre individu, propriétaire d'une valeur au porteur, désire s'en défaire : il opère à l'insu et à l'abri du percepteur.

Un mourant lègue un patrimoine en valeurs immobilières ou en valeurs mobilières nominatives : les héritiers paient des droits de succession.

Tel richissime défunt laisse une fortune en valeurs au porteur : celles-ci sont subtilisées aussitôt et échappent aux droits de mutation.

Les mesures prises, dans cet ordre d'idées, contre la fraude, le dol, le vol, sont dérisoires et inopérantes.

Oh ! je sais : les valeurs au porteur sont, aujourd'hui, soumises à un impôt initial ; mais, à combien de charges, autres que cet impôt initial, peuvent-elles se soustraire tandis que les supportent entièrement les valeurs différentes ?

Voilà qui explique lumineusement comment il se fait qu'à cette heure l'agriculture, l'industrie, le commerce — c'est-à-dire la classe moyenne — se trouvent grevés et écrasés, c'est-à-dire menacés d'être dépossédés petit à petit, cela sans profit pour la classe prolétarienne.

C'est la propriété anonyme, surtout, qui a permis au parasitisme social de s'instaurer, de se développer, de devenir enfin le danger le plus formidable qui ait jamais menacé les peuples et, aussi, les gouvernements.

Dès lors, on s'aperçoit soudain qu'une « meilleure organisation du travail » elle-même serait par trop insuffisante à solutionner le problème.

La question qui divise, aujourd'hui, patrons et ouvriers, n'est qu'un corollaire, une conséquence. L'antagonisme qui met aux prises les deux catégories de travailleurs, de producteurs, apparaît la résultante d'une habile manœuvre du parasitisme qui, pendant ce temps, peut opérer, lui, en toute sécurité.

Il faut être aveugle pour ne pas voir le véritable péril, et fou pour le nier.

Ne sont-ils pas aveugles et fous, tout à la fois, ceux qui préconisent, notamment, comme remède — même transitoire — à la situation douloureuse du prolétariat, l'établissement des monopoles, sous prétexte qu'en abolissant la « concurrence », il pourrait s'ensuivre (par la mise en vigueur d'un décret limitatif, par exemple) une diminution du prix des objets interchangés et par conséquent une amélioration quelconque au sort de la classe ouvrière ?

Proudhon (1) a déjà répondu :

« La concurrence est nécessaire à la constitution
« de la valeur, c'est-à-dire au principe même de la ré-
« partition et par conséquent à l'avènement de l'éga-
« lité. Tant qu'un produit n'est donné que par un seul
« fabricant, la valeur de ce produit reste un mystère ;
« le privilège de la production (ou monopole) est une
« perte réelle pour la société... La garantie du salaire
« est impossible sans la connaissance exacte de la va-
« leur, et *cette valeur ne peut être découverte que par*
« *la concurrence et nullement par des institutions com-*
« *munistes* ou par un décret du peuple ; car, il y a quel-
« que chose, ici, de plus puissant que la volonté des
« législateurs et des citoyens, c'est l'impossibilité
« absolue pour l'homme de remplir son devoir, dès
« qu'il se trouve déchargé de toute responsabilité envers
« lui-même !... Ordonnez qu'à partir de telle date
« le travail et le salaire seront garantis à tout le monde ;
« aussitôt, un immense relâche va succéder à la
« tension ardente de l'industrie, la valeur réelle tom-
« bera au-dessous de la valeur nominale ; la monnaie
« métallique, malgré son effigie et son timbre, éprou-

(1) PROUDHON. — *Contradictions économiques.*

« vera le sort des assignats ; le commerçant deman-
« dera plus pour livrer moins, et nous nous retrou-
« verons un cercle plus bas dans l'enfer de misère ».

On ne saurait mieux dire que Proudhon.

En cas d'expérience collectiviste, remplacez la monnaie métallique par les bons de consommation, et le commerçant par le monopole d'Etat, et la description est parfaite.

D'ailleurs, la prétendue nocivité de la concurrence est-elle, même à l'heure présente, démontrée par l'excellence des monopoles déjà établis ?

L'Etat semble-t-il meilleur patron et meilleur commerçant que les autres ? Vend-il ses produits moins cher ? Traite-t-il plus humainement ses employés ? Allons donc !... A cet égard, l'exploitation des monopoles des tabacs, des allumettes, des postes, etc., etc., est pleine d'enseignements pour le prolétariat.

Il en irait pareillement demain, avec l'étatisme intégral.

Mais, bien mieux, comme une tentative collectiviste n'offre aucune chance de réussite et surtout de durée, qui donc, à sa suite, exercerait, à brève échéance, tous les autres grands monopoles dont on demande l'instauration, au détriment du petit commerce et de la moyenne industrie ?

Ce serait le parasitisme à qui l'anonymat de la propriété permet tous les accaparements, et qui pourrait, dès lors, vendre les produits aussi chèrement qu'il le voudrait et traiter ses salariés en esclaves.

———

XX

PROCESSUS DE LA CRISE

Tout se tient, tout s'enchaîne dans la crise actuelle.

Elle a pour *point de départ* la question agraire, autrement dit l'oubli primitif de la Convention en ce qui touche l'accession des paysans à la propriété individuelle (en même temps que l'accession des ouvriers et employés à la propriété des instruments de travail) ; pour *point intermédiaire* la négligence, ou voulue, ou forcée, des régimes qui suivirent, d'une part à l'endroit de l'agriculture, du commerce et de l'industrie, d'autre part à l'endroit des sociétés anonymes et des titres au porteur ; pour *point final* l'imprévoyance gouvernementale actuelle, autant dire l'incurie, sinon la complicité, vis-à-vis des agissements du parasitisme.

Au lendemain de 1789, en effet, les paysans non

propriétaires, c'est-à-dire les prolétaires ruraux ne demeurèrent à la campagne qu'autant qu'ils y trouvèrent un salaire à peu près suffisant. La terre, nul ne l'ignore, ne produit fructueusement que si l'on y est attaché avec passion ; or, le cultivateur ne peut l'aimer que s'il la possède bien à lui. La non-accession à la propriété de la masse paysanne entrava définitivement la progression du gagne-pain rural.

Tandis que ce phénomène se produisait, l'industrie et le commerce se développaient à la ville. Aussitôt les « terriens » que rien ne retenait au sol affluèrent dans les agglomérations où les attirait un gain plus fort. Ils y apportèrent un surcroît de main-d'œuvre dont allaient bénéficier le commerce et l'industrie, mais en même temps y provoquèrent une tendance à l'avilissement des salaires. Durant une longue période, celle-ci ne constitua pas un péril, pour la raison bien simple que l'essor industriel et commercial comportait une hausse constante de rémunération pour l'ouvrier. Nonobstant, l'enchérissement de la vie suivait une progression au moins équivalente, sinon supérieure, à cette hausse.

Les anciens ruraux auraient pu, alors, en retournant aux champs, y trouver une facilité d'existence égale pour un salaire moindre. Hélas ! une fois déraciné, il est bien dur de revenir à la terre si l'on n'y subit pas la fascination d'une propriété.

Sur ces entrefaites, insuffisamment protégée et manquant de bras, l'agriculture dépérit. La crise agricole s'annonçait qui, depuis, n'a fait que s'accentuer.

Entre temps, le commerce et l'industrie, bientôt placés en état d'infériorité vis-à-vis de l'Étranger par suite de la hausse constante dans la rémunération de la main-d'œuvre, luttaient de plus en plus difficilement avec le dehors.

Un tassement des salaires urbains s'effectua. Le gain ne suivit plus une marche parallèle à celle de la cherté de la vie.

En outre, un humanitarisme aveugle devait, à l'intérieur même du pays, enlever aux ouvriers français toute protection nationale. Simplement menacés d'abord, les nôtres ne tardèrent pas à se voir supplantés, en France, par des ouvriers italiens, allemands, belges, espagnols, etc.

De sorte qu'en premier lieu, la crise agricole se doubla d'une crise du commerce et de l'industrie, pour s'aggraver à la fin d'une crise ouvrière généralisée.

Aujourd'hui, la crise est globale. C'est difficilement

que, chez nous, les producteurs français peuvent vendre et les consommateurs français acheter. Les agriculteurs sont trop pauvres pour acquérir suffisamment nos produits manufacturés dont le prix de revient est hors de la portée de leur bourse. Les citadins, de leur côté, ont moins d'avantages à consommer des denrées françaises que des denrées étrangères.

Partout la gêne ! L'argent ne circule plus. Il se fait rare...

Pendant ce temps, il surabonde dans les coffres-forts de la bande parasitaire !

Ainsi, la situation apparaît intenable. D'autant plus que nombre de nationaux, effrayés par l'insécurité toujours croissante de l'existence, ont tendu leurs efforts vers les fonctions publiques. A présent, le fonctionnarisme est innombrable et dévore inutilement la part la plus claire des ressources qui devraient être affectées à l'allègement des charges écrasantes qui pèsent sur l'agriculture, le commerce, l'industrie, la propriété bâtie, etc.

La rémunération et le profit dont étaient jadis productifs ces grands facteurs de la vie nationale vont diminuant de jour en jour. Agriculture, commerce, industrie, propriété urbaine ne rencontrent plus guère, dans ces conditions, l'apport salvateur de ressources nouvelles sous la forme de capitaux à utiliser.

Pour ces moteurs de l'activité sociale, l'économie française semble tarie.

Or, comme le disait très justement, le 19 novembre 1908, M. de Bulow, chancelier de l'empire allemand, en plein Reichstag (1) : « Celui qui économise un tant « soit peu vaut plus pour la nation que celui qui gagne « et dépense énormément. »

Pourtant, l'économie française existe encore, malgré tout. Mais, elle a été peu à peu détournée de son but. Au lieu d'alimenter, à cette heure, les générateurs de la vie nationale, elle est captée par le parasitisme qui est le pire adversaire et le plus terrible ennemi de l'agriculture, du commerce, de l'industrie et de la propriété immobilière, en même temps que du prolétariat et du salariat.

Quand est survenu, au milieu du XIXe siècle, l'essor de l'industrie et du commerce : le parasitisme drainait déjà l'économie française, en faisant miroiter aux yeux de la masse l'excellence de certains placements financiers qui ne reposaient, la plupart, sur aucune base

(1) Voir le *Matin* du vendredi 20 novembre 1908 (3e page, 1re colonne).

sérieuse. Il a continué, depuis lors, au point que, maintenant, son champ d'action est devenu infiniment vaste. Les souscriptions de l'économie prolétarienne ne sauraient lui suffire ; il canalise pareillement l'argent de la classe moyenne tout entière.

Il dit à tout détenteur de capital-travail, ou d'économie-travail, comme l'on voudra : « Au lieu de placer « vos fonds dans une affaire industrielle ou commerciale, « dans une construction d'immeuble, dans une exploi- « tation agricole, où vous avez beaucoup de risques « et peu de profits : confiez-les-moi ; vous toucherez « 15, 20, 25 % de dividendes, sans avoir le moindre « souci de gestion en tête. »

Capté de la sorte, « M. Gogo marche » pour des mines d'or aux antipodes, des plantations de... macaroni aux Marais-Pontins, ou d'autres affaires aussi mirifiques.

Pendant ce temps, la crise grandit, l'industrie s'atrophie, le commerce se paralyse, l'agriculture se meurt.

Les parasites y ont intérêt, puisque c'est de l'insécurité générale que viennent et croissent leurs chances d'absorption universelle. Ils y aident donc de leur mieux en perpétuant l'antagonisme, créé par eux, entre le capital qui travaille et le travail qui ne possède pas.

A quiconque occupe des ouvriers, ils tiennent ce langage : « Les ouvriers veulent te dépouiller des fruits « de ton labeur, de ton intelligence et de ton économie. » Aux ouvriers, ils affirment ou font affirmer : « Ton « salaire est trop minime, uniquement parce que ton « patron y prélève son bénéfice ». Excités l'un contre l'autre, ces deux éléments du travail n'ont pas tardé à se ruer l'un sur l'autre, comme deux frères ennemis.

Actuellement, ils sont aux prises,... ce pendant que le parasitisme fleurit, se désaisissant tout au plus de ce résidu infime et infâme qu'est la pâtée jetée aux chiens qui jappent pour son compte.

Et, dans ce pays où il pourrait y avoir place au soleil pour tous les fils du vieux sol français, l'activité productrice se ralentit, engendrant le chômage et la misère.

Le bon Nadaud disait jadis : « Quand le bâtiment va, tout va. »

Le bâtiment lui-même ne va plus.

Au demeurant, pourquoi irait-il ? On le menace, lui, lors que le capital parasitaire semble n'avoir rien à raindre. Pourtant, à prendre le bâtiment comme xemple, on est obligé de constater que la construction d'un immeuble intéresse nombre de corps de métiers : terrassiers, maçons, charpentiers, couvreurs, plombiers, menuisiers, serruriers, marchands de meubles, tapissiers, etc. Tandis que l'on serait bien embarrassé de dire quelle honorable corporation tire subsistance d'une émission relative à une mine d'or quelconque, à exploiter au « Nirvâna » ?

XXI

NE PAS CONFONDRE !

Désormais, il est acquis qu'en la propriété individuelle réside l'unique stimulant de l'énergie humaine : étant donné, bien entendu, que la « question du ventre » reste exclusive de toute autre dans le problème social !

Nulle société fondée sur des intérêts matériels — ce qui est le cas de celle où nous vivons — ne saurait, en effet, durer et ne pourrait surtout s'améliorer sans l'intervention incessante et universelle de ce stimulant merveilleux.

Au nom donc de la loi d'existence comme au nom de la loi de progrès, le principe de propriété doit être mis hors de toute atteinte : telle est la nécessité inéluctable !

La propriété individuelle ne peut pas ne pas être

encouragée et protégée. Mais, il importe d'agir à bon escient. Il faut, au préalable, la définir nettement, la délimiter avec soin, sous peine de consacrer les vices de l'état de choses présent et d'en perpétuer les monstruosités.

Se contenter de la vieille définition « possession vaut titre » serait une duperie. C'est grâce à elle qu'une confusion s'est établie, dans les esprits, au détriment de la propriété scrupuleuse et au profit de la possession dolosive. Rien de commun ne doit subsister, à l'avenir, entre la propriété honnête, fruit du travail, de l'économie, de l'industrie, soit d'un individu, soit d'une famille (propriété qui fut le meilleur instrument de prospérité nationale) et la propriété mal acquise, captée par tous les moyens au préjudice des intérêts particuliers et sociaux les plus grands.

Il est anormal et amoral qu'un Code aussi perfectible que le nôtre n'ait pas été — durant le siècle dernier — complété au jour le jour, pour ainsi dire, en ce qui a trait aux différents modes nouveaux d'accession à la propriété : modes issus de la transformation constante de la vie sociale, notamment dans le domaine des affaires financières.

Les diverses lois constitutionnelles ou organiques,

édictées les unes après les autres, depuis un siècle, et se substituant l'une à l'autre (bien qu'elles se réclamassent tour à tour des principes de 1789), eurent toutes, sans exception, le défaut grave de rester muettes quant à l'énonciation et à la délimitation du droit indiscutable de tous les citoyens — droit identique pour chacun d'eux — d'accéder à la propriété.

Le Code, lui, façonné il y a cent ans, dénombrait du moins et frappait les crimes et délits contre la propriété, qu'on pouvait alors présupposer. Malheureusement, répétons-le, on le laissa lui-même demeurer stationnaire ou presque !... Aujourd'hui, le Code ne prévoit, ni n'atteint certaines manœuvres, délictueuses toujours et parfois criminelles, innovées au cours du XIXe siècle contre la propriété.

Qu'un simple vol se produise, la loi le frappe ! Qu'il s'agisse d'agio, d'accaparement, c'est-à-dire d'un vol multiple et complexe, la loi ne peut rien !... Ainsi l'a voulu le parasitisme triomphant.

Bien mieux, le « rafleur » de millions — dont le bel exploit a causé des ruines irréparables : subtilisation d'économies chez l'ouvrier prévoyant, mais trop confiant ; faillites dans les milieux industriels et commerciaux ; le tout agrémenté de nombre de suicides — le

« rafleur de millions », disons-nous, ce malhonnête homme, devient, dès le lendemain de son opération fructueuse, le bénéficiaire d'une fortune qui passera pour aussi respectable que celle fondée sur l'épargne, le travail et l'honneur.

Cela est-il admissible plus longtemps ?

A cet égard, il ne saurait se poser de question de parti, ni surtout de parti-pris ! Tout le monde, d'ailleurs, paraît d'accord...

Urbain Gohier (1) a écrit :

« Comment respecter la propriété criminelle ? Com« ment ne pas concevoir le droit de reprise sur la pro« priété volée ? »

A la vérité, l'on fait rendre gorge, même aujourd'hui, aux piètres fripons qui s'approprient indûment le bien d'autrui. Passé un certain chiffre, par hasard, le vol serait-il sacré ? Pourquoi la société est-elle dépourvue de mesures coercitives à l'égard des grands flibustiers, et ne s'arme-t-elle point de mesures *préventives* contre leurs fructueuses opérations ?

Le collectiviste Gustave Rouanet a publié, dans la *Revue socialiste* (2), une étude ayant pour titre : « La

(1) URBAIN GOHIER. — *La Révolution vient-elle ?* page 131.
(2) Numéro de mars 1887.

chasse aux financiers sous Colbert » et dans laquelle il explique qu'il trouve là un exemple qui mériterait d'être suivi de nos jours. Pourquoi non ?

De l'autre côté de la barricade, M. Edouard Drumont (1) a exprimé toute sa pensée, en ces termes : « Celui qui sans travail double son capital est usurier, « il a pris à la collectivité plus qu'il ne lui a donné ».

Et Drumont étaie son sentiment sur celui des apôtres et des Pères de l'Eglise ! ! !

Au temps de la primitive Eglise, saint Paul disait : « Celui qui ne travaille pas ne doit pas manger » (*qui non laborat, non manducet*). Beaucoup plus tard, saint Bernard (2) stigmatisait « l'exécrable fécondité de « l'argent ».

Grégoire de Nysse a dit : « Qu'importe que vous « vous rendiez maître du bien d'autrui en escaladant « les murs *ou en tuant les passants,* ou que vous ac- « querriez ce qui ne vous appartient pas par l'effet « impitoyable de l'usure !... » Effectivement, le procédé est identique, sauf que, dans le dernier cas, les risques à courir sont beaucoup moindres et le profit bien plus certain. Que diraient, aujourd'hui, les Paul

(1) EDOUARD DRUMONT. — *La Fin d'un Monde*, page 193.
(2) Serm. IV. — *Super salve regina.*

de Tarse, les Grégoire de Nysse, les Bernard de Citeaux, en face de l'agio, de l'accaparement, de la spéculation, qui, de l'usure, ont gardé la nocivité, mais portée à la dixième, à la centième, à la millième puissance ?

Il est donc équitable et salutaire — *equum et salutare* — de délimiter la propriété dans l'esprit où s'était placé Gabriel Deville lui-même, le jour où il déclarait, à la tribune du Parlement, au nom du parti socialiste tout entier : La propriété honnête « est « celle qui n'échappe point à l'action de la famille... »

C'est qu'en effet il existe deux sortes de capitaux.

D'une part, il y a le capital-travail (l'économie-travail, si l'on veut) issu du travail et générateur de travail, autrement dit — suivant le mot de Waldeck-Rousseau — *le capital qui travaille*, représenté par la terre, l'immeuble, le magasin, l'usine, etc. ; et, d'autre part, *le capital fainéant*, mâchoire d'ogre et tentacule de pieuvre sous l'aspect d'un morceau de papier qui, bien souvent, ne représente rien.

La ligne de démarcation est très nette entre l'un et l'autre.

Il va sans dire que le parasitisme n'opère pas seulement sur des valeurs fictives. Il pressure aussi les valeurs réelles. Voici un fait, entre cent :

Qu'une affaire industrielle quelconque, montée par actions de 100 francs par exemple, excite l'appétit de quelques parasites. Aussitôt ceux-ci qui ont, naturellement, des journaux politiques à leur solde, suscitent tout à coup, pour un motif quelconque, une mésintelligence entre la direction de l'usine et le personnel. Les ouvriers, chauffés à blanc par les « bons journaux » du parasitisme, quittent l'atelier. Immédiatement, les actions baissent. Pour peu que l'histoire dure, et l'on sait la faire durer s'il en est besoin, les actions *dégringolent* avec rapidité. De 100 francs elles tombent à 90 francs, à 80, 75, 70, 60, 50 francs et même plus bas. Quand la baisse paraît suffisante, les agioteurs rachètent à vil prix. Or, ce jour-là, comme par enchantement, sur les conseils des « bons journaux révolutionnaires », les ouvriers rentrent à l'usine. Le travail reprend. Les actions remontent. Et les agioteurs, qui les ont eues pour 50 fr., les revendent à 100 ou 120 francs et même plus. C'est une excellente opération : faite aux dépens de l'ouvrier qui s'est serré le ventre pendant plusieurs semaines de chômage et aux dépens aussi de quiconque avait placé ses économies dans cette affaire industrielle de *tout repos*.

Dans ces conditions, il y a, c'est évident, un intérêt

majeur — pour les détenteurs de propriété honnête tous les premiers — à détruire toute confusion possible entre eux et les parasites, et à combattre ceux-ci avec autant d'acharnement qu'y apportera de son côté le prolétariat. Ils doivent faire cause commune avec ce dernier !

A elles deux, les classes moyenne et prolétarienne arriveront nécessairement à vaincre leur ennemi commun. D'une part, la classe ouvrière apportera la force du nombre ; de l'autre, la classe moyenne, la force de l'économie. Le « bas de laine », mis au service de la cause générale et trouvant l'appui de la masse de la nation, peut encore *anesthésier* les méfaits du parasitisme et épuiser ses ressources.

Mais, qu'on se hâte... Demain, il serait trop tard !

Sans doute, incombera à la propriété honnête le devoir d'aider le prolétariat à sortir de son servage économique, en lui facilitant par tous les moyens la possession individuelle. Mais, commerçants, industriels, propriétaires fonciers de toute sorte ont un double avantage à ce progrès urgent. D'abord, un tel progrès constituerait, pour eux, « la prime d'assurance contre l'incendie social », ainsi que le disait Lasies (1), en

(1) Réunion publique (dimanche, 21 mai 1905).

1905, à Toulouse. Ensuite, plus la propriété se diffusera, c'est-à-dire plus les propriétaires seront nombreux, moins seront grandes les chances d'absorption parasitaire.

Morcellement de la propriété ne signifie nullement diminution de la propriété ! La propriété se multiplie chaque jour. Partie de zéro à l'origine de l'humanité, elle grandit sans cesse et ne saurait avoir atteint le *summum* de son extensibilité.

Morcellement n'implique pas davantage le désaisissement de ceux qui possèdent à juste titre ; il réalise seulement la possibilité pour tous les travailleurs d'obtenir, chacun, une part équitable de propriété : cela grâce à l'accroissement perpétuel de la richesse sociale, c'est-à-dire de l'épargne universelle.

Donner le nécessaire à ceux-ci ne saurait en rien diminuer le superflu de ceux-là.

Ce « nécessaire » est légitime. Il est de droit naturel et moral ; car, l'antinaturel et l'immoral ne risquent de commencer qu'avec le superflu.

XXII

LA PROPRIÉTÉ NOMINATIVE

Etant prouvé que le parasitisme, seul, a procréé la crise actuelle, et étant acquis que plus il grandira et s'affermira, plus s'accroîtront les vices et se multiplieront les abus d'une société vouée dès lors à toutes les régressions : il faut à tout prix vaincre le parasitisme, ce qui n'est possible qu'en le stérilisant pour le présent et en le déracinant pour l'avenir.

Le moyen à employer dans ce but doit comporter trois qualités essentielles : efficacité, célérité et durée.

Quel est le moyen en question ? En existe-t-il même un ?

Oui !

Pour le trouver, il suffit de rechercher et de définir le facteur d'éclosion, d'expansion et de progression du parasitisme.

Ce facteur n'est autre que l'*anonymat* de la propriété, ainsi que nous l'avons noté précédemment (1).

Tout ce qui est anonyme est irresponsable, et jouit de la faculté de se soustraire aisément aux charges sociales courantes.

La ploutocratie a su, indéniablement, se dérober aux charges fiscales ; de là est née certaine accumulation capitaliste, pleine de dangers. En d'autres termes : c'est par une rupture d'équilibre entre les devoirs et les droits, c'est en bénéficiant de ceux-ci sans remplir ceux-là qu'a pu s'instaurer et se décupler le parasitisme.

Aujourd'hui, la propriété anonyme échappe à l'impôt ou du moins n'en paie qu'une partie infinitésimale, comparativement à celle qui lui incomberait si la répartition en pouvait être équitable avec le système en vigueur.

La répercussion de cette iniquité est ressentie et supportée de deux façons par la classe moyenne et par la classe prolétarienne. D'un côté, celles-ci sont obligées de pourvoir, soit directement, soit indirectement, aux charges fiscales qu'élude la classe parasitaire. D'un autre côté, dans la lutte économique présente, la classe parasitaire se trouve *ipso facto* en posture de supériorité vis-à-vis de ses rivales.

(1) Se reporter au chap. XIX : « La Propriété anonyme ».

Dans l'état actuel des choses, une simple réforme fiscale serait vaine et illusoire.

Voici pourquoi :

Qu'on veuille frapper les revenus, c'est-à-dire pallier les effets du parasitisme, qu'arrivera-t-il ?

Si le danger est flagrant pour les parasitaires : immédiatement ceux-ci mettront leurs capitaux à l'abri. La propriété anonyme, ne l'oublions pas, est, pour la plupart, instantanément volatilisable. Un impôt sur le revenu ne lui fait pas peur ! Elle émigre sur le champ... L'impôt retombe, aussitôt, sur la propriété immobilière, sur la terre, sur la maison, sur le coupon nominatif, etc., et par contre-coup, sur le producteur et le consommateur : en un mot, sur l'ouvrier.

Telle est la raison pour laquelle, avant de chercher à amortir les effets, il importe d'anéantir la cause.

De quelle façon ?

En décrétant que toute propriété sera *nominative* !

Oh ! je connais les objections...

On me dira : « Vous allez saper le crédit. »

Erreur profonde ! Je ne détruis pas la valeur productive d'intérêts : je la « personnalise ».

Je n'ignore point qu'une émission de valeurs est toujours nécessaire lorsqu'il s'agit d'une entreprise à laquelle ne sauraient suffire les ressources d'un seul individu. Exemple : les chemins de fer.

L'économie publique est exclusivement en mesure de fournir les ressources qu'exige un projet de ce genre. Mais, les titres nominatifs valent, dans cet ordre d'idées, les titres au porteur, et peuvent remplir la même destination. Or, ils n'ont pas, comme ces derniers, le vice rédhibitoire de se prêter élastiquement à l'agio et à la spéculation, et encore moins au dol et à la fraude quand il s'agit de leur mutation et de leur transmission.

L'abolition des valeurs au porteur et l'établissement d'un régime nouveau pour les sociétés financières, industrielles et autres : voilà la clef du problème social ou des problèmes sociaux, si l'on préfère.

On me ripostera : « Mais le billet de banque, qui est lui aussi une valeur au porteur, qu'en faites-vous ? »

— Je n'y touche pas le moins du monde !

En quoi me gêne-t-il ? Est-il productif d'intérêts ? Non !

Est-ce qu'un an après son émission, par exemple, la Banque de France rembourse une coupure de 100 francs au chiffre de 102, de 105 ou de 120 francs ? Nullement !

Par conséquent, je n'ai pas à craindre d'accumulation capitaliste dangereuse avec lui — qui ne constitue, en définitive, qu'un simple « bon de consommation ».

Or, c'est l'accumulation parasitaire que je veux atteindre et qu'il faut atteindre. Pour cela, il suffit d'édicter que « sera *nominative* toute propriété ou part de propriété mobilière ou immobilière, susceptible de produire intérêt ».

Mais, j'entends aussitôt cette réflexion : « Une pa-« reille réforme incitera les capitalistes visés, à mettre « leur fortune à l'abri ; ils la transporteront à « l'Etranger ».

Sans m'arrêter aux mesures à prendre, chez nous, pour parer à cette éventualité et qui sont à la portée de tout gouvernement véritablement national, j'aborde immédiatement la question sur le terrain plus vaste des relations internationales.

De courtes considérations préliminaires rendront plus clair mon exposé succinct.

Il existe, à l'heure actuelle, une féodalité financière qui opprime les peuples, c'est entendu, mais qui menace aussi les gouvernements. Cette féodalité en marche est une force destinée à mettre sous le joug, dans un délai rapproché, les gouvernements eux-mêmes : quels qu'ils soient! Ceux-ci ont un *intérêt vital* à barrer la route à la féodalité nouvelle.

Qu'on prenne l'initiative de montrer à ces gouvernements qu'ils ont la possibilité d'échapper, chacun chez soi, à l'étreinte mortelle de la ploutocratie : il y a tout lieu d'espérer qu'aussitôt une entente interviendra, entre eux, pour anéantir l'ennemi commun ! Cette entente est fatale...

En tous cas, elle est possible sur le programme qui consiste à faire disparaître l'anonymat de la propriété ; et, en ceci, les gouvernements seraient les meilleurs auxiliaires des peuples !

Tandis qu'au contraire, si ces mêmes gouvernements ne se trouvent en présence que de la « solution (?) collectiviste » — par laquelle ils se voient les premiers menacés ! — ce serait folie que de compter sur leur concours, ce serait niaiserie que de tabler sur leur neutralité, surtout sur leur neutralité bienveillante, pour la favoriser de quelle manière que ce soit.

Dans ces conditions, la « solution individualiste » a, seule, chance de réussite.

Mais, le moyen qu'elle préconise, par la suppression de l'anonymat de la propriété, comporte-t-il les trois qualités essentielles précitées : efficacité, célérité, durée?

Cela n'est pas douteux.

Je le prouve :

Le moyen est *efficace* parce qu'une fois « personnalisée » la propriété : on peut connaître automatiquement son origine et son développement, en même temps que la faculté contributive de la matière imposable. Ceci existe déjà pour les propriétaires fonciers, pour toute la masse agricole, pour le commerce et l'industrie, pour les rentiers dont le nom est inscrit au Grand-Livre de la Dette. Pourquoi les parasites resteraient-ils plus longtemps en dehors, c'est-à-dire au-dessus du droit commun ?... Est-ce de l'inquisition que de donner un état-civil *complet* à tous les citoyens ? Non !... Le jour où toute propriété serait nominative, il n'y aurait plus qu'à appliquer, suivant un barème très simple, un impôt direct et unique taxant la chose et jamais la personne

C'est ainsi que peut se faire, pacifiquement, méthodiquement, la Révolution : la révolution véritable ; la révolution rédemptrice ; la révolution favorable à l'ouvrier, comme au patron, à celui qui ne possède pas, comme à celui qui jouit déjà de l'épargne ; la révolution profitable au prolétaire, au salarié, comme à l'employeur, au commerçant, à l'industriel, sans distinction aucune. Ce serait la révolution nationale : révolution non plus dans les mots, mais dans les faits ; révolution autrement sérieuse et autrement vivace que celle qui naît dans l'émeute pour finir dans le coup de force, et ne laisse, ce jour-là, derrière elle, qu'hécatombes, ruines et désillusions, en résumé que du sang et de la boue !

Le moyen remplit pareillement la deuxième condition. Il est *expéditif*.

Qui oserait, en effet, soutenir qu'il faille 2.000 ans pour opérer cette transformation ?

Le moyen, enfin, est *durable.*

Qu'on l'applique ! Et, dès lors, les gouvernants n'auront qu'à tenir le main à ce que l'anonymat de la propriété, individuelle ou plurale, ne réapparaisse jamais, sous n'importe quelle forme, sous n'importe quel masque. De la sorte le microbe purasitaire, privé de son bouillon de culture, ne pourra s'infiltrer de nouveau dans l'organisme social et donner libre cours à sa nature éminemment prolifique.

XXIII

D'OU VIENT L'ARGENT ?

Une objection ne peut manquer d'être soulevée par quelque esprit conservateur de la classe moyenne ; la suivante : « En voulant atteindre le parasitisme, « ne risque-t-on pas de porter une *main sacrilège* sur « le principe de la propriété ? »

Un libertaire en personne va calmer les inquiétudes de cet homme, bien que le libertaire en question ne mâche guère ses mots à l'adresse du parasitisme social !

Urbain Gohier a encore écrit ceci (1) :

« Le premier acte de la Révolution victorieuse de- « vrait être l'institution d'une CHAMBRE ARDENTE, « l'enquête sur la richesse acquise, la revision des for- « tunes.

(1) URBAIN GOHIER. — *La Révolution vient-elle ?* page 130.

« Attentat contre la propriété, cela ? Tout au con-
« traire : *consécration du principe de la propriété, con-*
« *solidation des titres de propriété.*

« Sous l'ancien régime, le roi procédait fréquem-
« ment à la revision des titres de noblesse. Loin de ré-
« sister à cette opération, la noblesse y applaudissait ;
« elle l'eut au besoin provoquée ; elle en recevait un
« nouvel éclat ; son prestige était plus fort et ses pri-
« vilèges plus précieux, quand elle avait chassé de
« ses rangs les intrus.

« De même pour la propriété. Si la propriété subit
« de rudes assauts, si la doctrine collectiviste a pu
« recruter des adeptes, c'est parce qu'*il existe trop de*
« *propriétés illégitimes.*

« Le comte de Maillé, doyen d'âge de la Chambre
« et fonctionnaire de richesse, proclamait du haut du
« fauteuil présidentiel, le 14 janvier 1896, que la
« grande et la petite propriété sont solidairement et pa-
« reillement respectables, parce que leur principe est
« le même. Il avait raison. *La quotité ne signifie rien :*
« *c'est l'origine qu'il faut rechercher.* »

La comparaison dont se sert Gohier relativement à
la noblesse d'antan en appelle une autre.

Croit-on qu'aujourd'hui un chevalier de la Légion

d'honneur, décoré pour des titres sérieux, soit satisfait de constater qu'on peut, sur la place publique, le confondre avec la première fripouille venue, ayant payé 25.000 francs le ruban rouge qui resplendit à sa boutonnière ?

Il en est de même pour le brave homme auquel son labeur, sa ténacité, son intelligence ont apporté une fortune. Quelle rancœur ne doit-il pas éprouver à ne jouir que d'une considération de beaucoup inférieure à celle généralement professée à l'égard de l'écumeur d'argent, qui tient avec ostentation le haut du pavé ?

En 1887, Gustave Rouanet — qui, pour collectiviste qu'il se croie, n'en a pas moins été un des meilleurs défenseurs de la propriété individuelle — Gustave Rouanet s'est, avant Gohier, montré (dans sa belle étude (1) « La chasse aux financiers sous Colbert », dont nous avons déjà parlé) aussi coercitif que Gohier en personne. Le député de la Seine a rappelé comment on avait procédé, sous le règne de Louis XIV, contre les draineurs de richesses, spécialement contre le surintendant Fouquet, soupçonné de péculat. Pour

(1) *Revue socialiste*, mars 1887.

Fouquet, entre autres, ce fut l'*embastillement* au châ-
teau d'Angers... et la restitution (1) des sommes énor-
mes illicitement acquises par lui.

En exposant ces faits historiques, Rouanet n'a eu
pour but, sans nul doute, que de suggérer aux gouvernements contemporains des mesures identiques à
celles employées, jadis, par Colbert.

L'édit royal qui, en novembre 1661, ordonnait ces
mesures rigoureuses et vigoureuses les motivait ainsi :

« Un petit nombre de personnes, profitant de la
« mauvaise administration de nos finances, ont, par
« des *voies illégitimes*, élevé des fortunes subites et pro-
« digieuses..., etc. »

Et Rouanet a écrit :

« Pour permettre aux enquêteurs de saisir rapide-
« ment ces opérations (financières), il fut prescrit que
« les individus devraient se tenir prêts à fournir, sous
« huit jours, un état justifié de leurs biens de 1635 à
« 1661. Cet état devait présenter, avec la situation
« détaillée et justifiée pour 1635 à 1661, un tableau
« des mutations survenues durant cette période : hé-
« ritages, acquisitions en leurs noms ou sous des noms

(1) Cette restitution fit récupérer *quelques milliards* à l'Etat.
(N. de l'A.).

« supposés, sommes données à leurs enfants, soit en
« mariages, soit en acquisition de charges. « Faute de ce
« faire — disait l'arrêté — ce délai (de huit jours) passé,
« seront tous les biens saisis et commis à l'exercice de
« leurs charges et procédé extraordinairement contre
« eux comme coupables de péculat. En cas qu'après
« ladite saisie, ils ne satisfassent pas dans un second dé-
« lai d'un mois, tous les biens acquis par eux nous de-
« meurent incommutablement acquis et *confisqués*
« *sans espérance de restitution* ! »

Voilà qui était parler : hé ! hé ! la confiscation et
l'embastillement...

N'importe ! Les précédents signalés doivent suffire à mettre en repos la conscience du « bourgeois conservateur » qui, lui, n'a rien à se reprocher en ce qui
concerne l'origine de sa propre fortune.

Mais, bien mieux : l'établissement d'un régime économique ayant pour base la « propriété nominative »
n'entraînerait pas obligatoirement l'emploi de moyens
de coercition renouvelés d'un autre âge.

Encore une fois, la disparition de la valeur au porteur (productive d'intérêt), la réforme des sociétés
anonymes — financières, industrielles et autres —
et toutes mesures similaires, ne comportent que l'ad-

jonction d'un état-civil à chaque parcelle de capital génératrice de revenu.

Certes, les pouvoirs publics devraient corollairement prendre toutes dispositions : d'abord pour prévenir et en même temps punir les modes les plus variés d'appropriation dolosive ou criminelle ; ensuite, pour faire rendre gorge aux délinquants si besoin était ; enfin, pour imposer chacun suivant ses facultés, en ayant soin — ce qui serait alors la chose la plus facile du monde — de surveiller, avec les yeux du fisc, chaque mutation et chaque transmission de propriété.

Chacun garderait le droit de s'enrichir, de s'enrichir même grandement, suivant ses capacités personnelles et son intelligence propre. Mais, au fur et à mesure que l'on s'enrichirait, l'on bénéficierait davantage du pacte social en vigueur ; par conséquent, les redevances grandiraient proportionnellement envers la collectivité : et cela, autant pour faire marcher la machine gouvernementale et administrative, que pour alimenter les œuvres qui lui incombent du fait de l'assistance collective due à l'infirme, au vieillard, à la veuve et à l'orphelin.

En outre, comme il est antinaturel qu'un individu ne fasse par lui-même aucun apport d'activité sociale, c'est au moment de la transmission de la propriété qu'interviendrait le prélèvement salutaire qui ne permettrait plus d'escompter, de génération en génération, la pérennité des jouissances dans une oisiveté dorée. De là proviendraient les ressources grâce auxquelles un gouvernement démocratique peut permettre au travailleur honnête, au prolétaire laborieux et conscient, de se « faire une place au soleil », de constituer sa part de propriété en vue de l'augmenter lui-même par son activité et par son épargne.

Hors de ce système, rien n'est possible ! La richesse parasitaire se volatilisera toujours. Comme cela a été dit précédemment : tenter à cette heure un changement de l'assiette de l'impôt constitue une duperie. Au sujet de certain impôt progressif, Proudhon (1) a déjà répondu :

« La conséquence de l'impôt progressif — a-t-il
« écrit — sera que les grands capitaux seront dépré-
« ciés, et la médiocrité mise à l'ordre du jour. Les pro-
« priétaires *réaliseront à la hâte*, parce qu'il vaudra
« mieux pour eux manger leur propriété que d'en re-
« tirer une rente insuffisante ; les capitalistes rappel-
« leront leurs fonds ou ne les commettront qu'à des

(1) PROUDHON. — *Contradictions économiques.*

« taux usuraires ; toute grande exploitation sera in-
« terdite, toute fortune apparente poursuivie, tout
« capital dépassant le chiffre du nécessaire proscrit !
« La richesse refoulée se recueillera sur elle-même et
« ne sortira plus qu'en contrebande, *et le travail,*
« comme un homme attaché à un cadavre, *embras-*
« *sera la misère dans un accouplement sans fin* ».

Ces critiques resteront irréfutables aussi longtemps
qu'il n'aura pas été procédé à la délimitation de la propriété et à la dévolution individuelle de la richesse
sociale.

Quant à la taxation somptuaire, parlons-en !

« Vous voulez — interroge Proudhon — frapper les
« objets de luxe ?... Vous prenez la civilisation à re-
« bours.

« Luxe est synonyme de progrès ! C'est à chaque
« instant de la vie sociale l'expression du *maximum*
« *de bien-être réalisé par le travail, et* AUQUEL IL EST DU
« DROIT COMME DE LA DESTINÉE DE TOUS DE PARVENIR ! »

XXIV

LA SOCIÉTÉ DE DEMAIN

Le parasitisme vaincu, à quel procédé recourir pour assurer, au sein de la société nouvelle et régénérée, une harmonieuse répartition de la richesse ?

L'idéal, assurément, serait que chacun possédât sa maison et son lopin de terre ; du moins c'était là l'idéal avant l'époque où l'intensification industrielle et commerciale eut pour double corollaire l'apparition de nouvelles formes de richessse et la dépréciation de la propriété rurale.

Dans un pays neuf, une collectivité d'immigrants pourrait encore, au moins transitoirement, réaliser cet idéal individualiste. On dirait à chacun : « Voici ta part « à toi, égale à celle de ton voisin ». Néanmoins, un risque subsisterait, risque irrémédiable et destiné à remettre toujours le problème en question...

Ce risque, le voici :

Dans un laps de temps plus ou moins long, l'habileté, le labeur et l'épargne de tel individu donneraient à sa propriété une plus-value à laquelle n'atteindrait pas la propriété de tel autre, moins intelligent, moins travailleur et moins économe.

Faudrait-il, une fois ces résultats acquis, procéder à un nouveau partage ?

Evidemment ce n'est pas admissible !

Donc, dans un pays neuf lui-même, chercher l'égalité matérielle absolue et éternelle serait une utopie. A plus forte raison, cela apparaît-il impossible dans la France d'aujourd'hui : d'abord, parce que cent mètres carrés de terrain aux Champs-Elysées valent plus que dix hectares dans les Landes et que cent hectares dans la Crau ; ensuite, parce que les connaissances professionnelles d'une multitude d'individus —aux aptitudes variées — n'ont pas le moindre rapport avec la culture de la terre ; enfin, parce qu'il existe de nombreuses modalités de possession ne comportant point de divisibilité, tel un réseau de chemins de fer dont on ne peut fractionner ni les voies ferrées, ni les véhicules de traction, ni les bâtiments d'exploitation, ni les ateliers de construction, etc.

C'est, d'ailleurs, sur des constatations de cet ordre que se sont appuyés les collectivistes eux-mêmes pour essayer de justifier leur rupture définitive avec la tradition du socialisme français ; et c'est ainsi que Jaurès et consorts ont repris à leur compte la déclaration de leur devancier Babeuf (1) : « La loi agraire ou *partage* « des campagnes fut le vœu instantané de quelques « soldats sans principes, de quelques peuplades mues « par leur instinct plutôt que par leur raison ».

Si quelque *rouge* d'autrefois, quelque *partageux*, quelque *vieille barbe* de 48, notamment, revenait tout à coup et proposait aux « unifiés » de l'heure présente une répartition égalitaire de la fortune sociale, vous les entendriez lui répondre : « Mais, mon brave ami, « vous tombez de la lune ! Vous êtes vieux jeu !... « En admettant même que le partage soit faisable « aujourd'hui, il faudrait le recommencer à brève « échéance ; car, dans l'attente d'un nouveau lotis- « sement, les fainéants s'en donneraient à cœur-joie ».

Cette riposte présupposée apparaît infiniment raisonnable.

A l'exemple des collectivistes, nous disons à notre tour : « Le partage basé sur l'égalité matérielle abso-

(1) *Manifeste des Égaux*, avril 1796.

lue, le *lotissement au cordeau*, constitue une ineptie.

Cependant, une pareille constatation n'entraîne la disparition d'aucun des vices rédhibitoires du collectivisme lui-même.

Il faut donc apporter une autre solution, raisonnée autant que raisonnable, au grand problème social en suspens.

Il ne saurait y avoir que celle qui entraîne la disparition de l'anonymat de la propriété.

Une fois admise cette base essentielle, unique : comment compléter l'œuvre de la Révolution française, autrement dit comment permettre à chaque citoyen d'acquérir, de conquérir si l'on préfère, la part de propriété qui doit servir d'adjuvant et de garantie à sa liberté ?

Les moyens sont multiples, aussi multiples que les voies ouvertes à l'activité humaine. La simple énumération de quelques-uns suffira, étant donné surtout que la liste en pourra être complétée, au fur et à mesure des besoins, par la collaboration de tous les hommes épris de progrès, de justice et de solidarité.

Mais, d'ores et déjà, on pourrait préconiser :

1º La participation aux bénéfices industriels, commerciaux et agricoles ;

2º Le développement de la mutualité et son application à la constitution de capitaux ou à l'achat de propriétés immobilières pour les mutualistes ;

3° La généralisation de la loi Ribot et son application à l'acquisition non pas seulement de jardins, mais aussi de petites propriétés immobilières et de petits capitaux jouissant des mêmes avantages d'insaisissabilité ;

4° La diminution graduée des droits d'enregistrement sur les mutations immobilières, qui rendrait une acquisition d'autant plus facile qu'il s'agirait de propriétés moindres ;

5° L'amélioration du crédit hypothécaire et la diminution graduée des droits d'enregistrement sur les transports de créances ;

6° L'encouragement à la création (par la diffusion de la force motrice) des petites industries et des petits ateliers ;

7° La création de parts nominatives de co-propriété, en faveur des ouvriers et des employés, dans toutes les sociétés industrielles, commerciales et agricoles, en commandite ou par actions ;

8° La diminution de la patente sur chaque spécialité commerciale, et sa multiplication proportionnée à l'accroissement des spécialités dans un même négoce ;

9° La reconnaissance du droit de propriété à toute association ou fédération corporative ou syndicale, avec attribution personnelle d'une part nominative du fonds collectif à chaque adhérent du groupe ;

10° L'obligation stricte imposée à tout groupement — soit financier, commercial, industriel ou agricole d'une part ; soit corporatif ou syndical, d'autre part — de ne pouvoir disposer des ressources et des biens collectifs sans le consentement exprès de la majorité des intéressés, consultés en toute occurence par *referendum* ;

Etc., etc.

Ainsi pas un ouvrier, pas un employé appartenant à une branche quelconque de l'activité industrielle, financière, commerciale ou agricole, ne fournirait son apport de travail à la collectivité sans avoir, simultanément, la faculté de devenir propriétaire dans la sphère où ses facultés, ses propensions, ses goûts l'auraient appelé.

Certes, des ressources sont nécessaires pour opérer une aussi complète transformation sociale. Mais, ne seraient-elles pas fournies surabondamment par l'extinction du parasitisme ?

Les pouvoirs publics auraient, alors, la possibilité de

dégrever l'industrie, le commerce, l'agriculture, en un mot tous les facteurs de la richesse publique dont le développement appellerait aussitôt le concours de toutes les intelligences et de toutes les forces, de tous les cerveaux et de tous les bras.

La lèpre du chômage se cicatriserait d'elle-même.

En présence de ce phénomène économique, la ruée vers le fonctionnarisme s'arrêterait instantanément. Plutôt que d'être un salarié d'Etat, n'escomptant d'indépendance que pour le jour lointain de la retraite, on préférerait s'assurer une indépendance immédiate, dont la conquête de la propriété serait le symbole. Après le flux, ce serait le reflux !

Dès cet instant, il n'y aurait plus — pour assurer la vitalité de la Démocratie, instaurée enfin — qu'à décider qu'aucun des grands actes intéressant la vie collective de la nation ne pourrait être accompli sans le consentement préalable du pays entier, consulté plénièrement et directement par la voie du *referendum.*

Ceci fait, il n'existerait plus qu'une classe dans la société : la classe des hommes libres, véritablement libres.

Tant vaut dire qu'il n'y aurait *plus de classes,* parmi nous : suivant le vœu de nos pères de 1789.

Rendre, en effet, propriétaires l'universalité des citoyens, c'est assurer à tous la liberté véritable, c'est-à-dire l'indépendance nécessaire à chacun pour débattre les conditions de son travail et le prix de son labeur.

Point d'uniformité à craindre, cependant, dans une collectivité ainsi organisée : toutes les propensions, toutes les aptitudes, tous les talents ont leur emploi ; ils se classifient et se hiérarchisent d'eux-mêmes, grâce à la mise en jeu exclusive de l'effort personnel.

C'est l'égalité dans tout ce qu'elle a d'humainement réalisable.

C'est aussi la fraternité ; car, les bas sentiments individuels s'éteignent lorsque ne les attisent plus les iniquités sociales.

Une ère de prospérité inouïe s'ouvrirait, avant longtemps. Et les charges fiscales, aujourd'hui si lourdes, ne tarderaient pas à moins peser sur les épaules du contribuable : ce qui permettrait au gouvernement d'avoir les ressources nécessaires pour donner : 1ᶜ aux enfants, l'instruction, l'éducation et la direction appropriées ; 2º aux invalides et aux infirmes, l'assistance à laquelle ils ont un droit naturel et imprescriptible ; 3º aux vieillards (qui, malgré la part contributive de toute une vie à la société, auraient été en butte aux coups du destin) les moyens de finir paisiblement leur existence de labeur et de probité.

Voilà le véritable socialisme, le seul socialisme !...

Ruche où tout le monde produit et d'où les frelons sont chassés, la société régénérée aurait pour devise: « Un pour tous, tous pour un », qui résume et quintessencie la doctrine individualiste.

Cette doctrine, donnant leur plein essor à la mutualité, à la coopération et à l'organisation corporative, s'identifierait avec le progrès et nous ferait marcher à grands pas vers la civilisation intégrale — qui est celle où chacun détient la possibilité matérielle de jouir du mieux-être obtenu, au prorata de son apport personnel de travail, d'intelligence et d'économie.

FIN

P

R

S

T

V

W

Y

TABLE DES CHAPITRES

Grande Imprimerie du Centre, HERBIN. — Montluçon

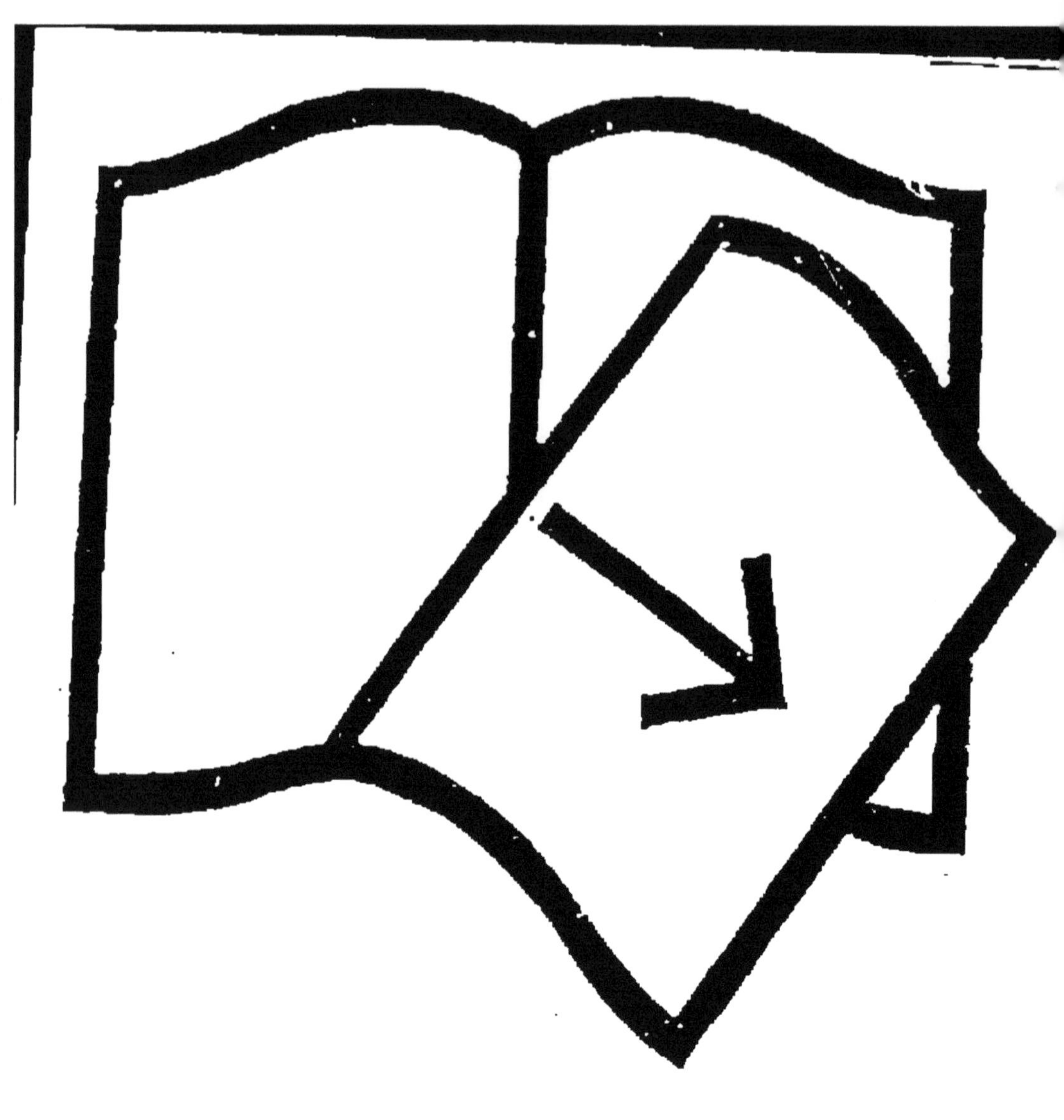

Documents manquants (pages, cahiers...)
NF Z 43-120-13

9 782013 579025